LA BOTICA
DE LA
ABUELA

COCINA SANA
para cada día

Realización:
RBA Realizaciones Editoriales, S.L.

Redacción y revisión de contenidos: Teo González, Magda Carlas,
María Jesús Trasobares, David Figueras
Edición: Juan Carlos García
Fotografías: Becky Lawton (preparación de los platos, Nacho Mongay),
Juan Carlos Martínez, Archivo RBA, Jordi García/RBA, AGE Fotostock, Firo-Foto
Diseño: Agustí Feliu
Maquetación: Maria Torres
Revisión ortográfica: Ramon Oliva, Núria Barroso
Diseño cubierta: Llorenç Martí
Fotografías cubierta: Kini Aristegui

© 1998, Keinu Producciones, S.L.
© para esta edición, RBA Ediciones de Librerías, S.A.

Primera edición – Noviembre 1998

Ref. G0-10 / ISBN: 84-7901-399-0
Depósito legal: 44555-1998

Fotomecánica: Aura Digit
Impreso y encuadernado por Printer Industria Gráfica S.A.

Impreso en España – Printed in Spain

Nota de los editores:
Antes de iniciar una dieta, como las que se proponen en el apartado Dietas Sanas,
es recomendable la consulta previa al médico.

COCINA SANA

para cada día

integral

Sumario

Bienvenidos a la Cocina Sana de la Botica de la Abuela

Hemos recibido muchísimas cartas preguntando cuándo aparecería un nuevo libro de *La Botica de la Abuela*, pidiéndonos más consejos para mantener la salud. A todos agradecemos vuestro interés, vuestras buenas ideas, vuestras críticas y observaciones. Y, como fruto de todas vuestras sugerencias, aquí tenéis este libro, hecho con la misma dedicación y filosofía que el anterior.

Estamos seguros que os gustará tanto como el primero. Hemos elegido, esta vez, el tema de la alimentación como eje central. Porque es un tema que nos preocupa, que os preocupa también a vosotros. Y que en *La Botica de la Abuela* hemos tratado infinidad de veces.

Dice el refrán que el buen alimento hace el buen entendimiento. En este libro os ofrecemos una guía útil y práctica para mejorar la alimentación. Porque comer es una de las principales actividades del ser humano y tiene una gran influencia en nuestra calidad de vida. Por un lado, las prisas de la sociedad moderna hacen que tendamos a descuidar nuestra alimentación, a darle poca importancia. Por otro, las modas estéticas parecen obligarnos a conseguir cuerpos esculturales, y seguimos dietas que pueden perjudicar nuestra salud si no son equilibradas y ajustadas a nuestra constitución física.

Por todo ello, nos ha parecido buena idea dedicar todo un libro a este tema. En él hallaréis no sólo unas normas imprescindibles para conseguir una buena y equilibrada alimentación, también os proponemos una gran variedad de recetas para que podáis combinarlas de manera que aporten salud a vuestras comidas.

Como cada motor se mueve con el combustible para el que está diseñado, cada receta contiene una indicación que os ayudará a decidir qué queréis y qué podéis comer de acuerdo con vuestras necesidades. Incluso si padecéis alguna dolencia que os obliga a vigilar la alimentación, aquí encontraréis la forma de no aburriros en las comidas, variando los menús con facilidad gracias a la composición específica de cada receta.

Y si, además, estáis interesados en seguir alguna dieta, os proponemos un buen número de ellas, sanas y efectivas, para que podáis combinar belleza y buena alimentación, sin perder nunca la salud, que tan importante es.

La Cocina Sana de la Botica de la Abuela os ayudará a mejorar vuestra calidad de vida y a recuperar muchas de las ideas y consejos que seguían nuestros mayores, cuando había más tiempo para dedicar a la comida, porque queremos que la falta de tiempo deje de ser excusa para no comer sano.

Os ofrecemos certeras soluciones, guisos y hervidos, caldos y cocciones, infusiones y maceraciones usados por nuestras abuelas y bisabuelas, y cocinados de una manera fácil y amena.

Deseamos que disfrutéis de la comida que os proponemos, al tiempo que cuidéis vuestra salud, porque ya sabéis amigos que la mejor medicina es la buena cocina.

GONTZAL MENDIBIL
Creador y director de
La Botica de la Abuela

 ALIMENTACIÓN SANA

Alimentación y salud

Desde tiempos remotos es sabido que la dieta está directamente relacionada con la salud, pero sólo en la actualidad se ha dado a este tema la importancia que merece. La dietética y la nutrición son hoy materias reconocidas y cada vez son más los profesionales que se dedican a su estudio y divulgación. La ciencia ha demostrado claramente que una alimentación errónea o desequilibrada puede conllevar enfermedades tan importantes como la obesidad, la diabetes, el cáncer o el infarto. Es más, se sabe que una alimentación correcta puede prevenir enfermedades, ayudar a superarlas o simplemente aumentar el bienestar personal. Por lo tanto, comer bien es una forma de alargar la vida y mantener la salud. El problema estriba en saber qué es comer bien: quizás el primer paso para ello sea tener unos conocimientos básicos sobre dietética y nutrición.

❧

Alimentación

Es el acto de ingerir los diferentes alimentos. Es un acto voluntario y que difiere notablemente de un país a otro y de una persona a otra dependiendo de la disponibilidad económica, la zona geográfica, las costumbres, los hábitos culinarios, las preferencias gastronómicas, etc.

Alimentos

Son sustancias naturales o transformadas que contienen uno o más nutrientes y que el hombre utiliza para su alimentación.

Caloría o kilocaloría

Es una medida energética que se utiliza, entre otras cosas, para cuantificar la energía que lleva cada alimento y la energía que necesita nuestro organismo. En algunas ocasiones se utiliza el término caloría pero en realidad siempre nos referimos a kilocaloría (es decir, a 1.000 calorías). Un alimento muy calórico equivale a un alimento muy energético. Todos los alimentos, excepto el agua o las infusiones, aportan calorías.

Dieta

Una dieta es cualquier tipo de pauta alimentaria, normal o terapéutica. Cada día todos seguimos una «dieta». Dieta no significa régimen adelgazante o fórmula alimentaria especial; es simplemente lo que se toma.

Dieta equilibrada

Es la que contiene los alimentos necesarios para que los requerimientos de nuestro organismo en energía, grasas, proteínas, hidratos de carbono, vitaminas, etc., estén cubiertos. Una dieta equilibrada es la que no conlleva carencias ni excesos de nutrientes y que aporta la energía justa para mantener un peso correcto.

Dietética

Es la ciencia que estudia y trata de utilizar los alimentos de forma adecuada para conservar la salud o para recuperarla.

Alimento dietético

Alimento que en su composición o forma de preparación posee alguna característica especial que lo convierte en apto para determinadas dietas. Así pues, una galleta con más fibra de lo normal, un pan sin gluten, una mermelada con fructosa, un queso con menos grasas son diferentes tipos de alimentos dietéticos. Alimento dietético no equivale a alimento «ligero» o «que no engorda» como se cree en muchas ocasiones.

Nutrición

Es el conjunto de procesos que se suceden en el organismo después de ingerir un alimento, procesos en definitiva encaminados a utilizar las sustancias de los alimentos que le son imprescindibles a nuestro cuerpo y que se denominan nutrientes. La ciencia de la nutrición se encarga de estudiar todos estos procesos.

Nutriente

Sustancia contenida en el alimento que es esencial para el cuerpo por sus diversas acciones y en algunos casos porque también aporta energía. Los nutrientes no son más que los famosos hidratos de carbono, proteínas, vitaminas, minerales, grasas, etc. Son los elementos del alimento que nuestro cuerpo utiliza. Cada alimento contiene diferentes nutrientes en distintas proporciones.

Nutritivo

Cuando decimos que un alimento es nutritivo nos referimos a que tiene nutrientes, es decir que «alimenta»: un vaso de agua es lógicamente un alimento poco «nutritivo»; en cambio, un huevo es un alimento muy nutritivo.

La clasificación de los alimentos

Un alimento es toda sustancia natural o manipulada que el hombre utiliza para su alimentación y que puede ser de origen vegetal, animal… En cuanto a su clasificación, hay muchas formas de hacerla: por su composición, por la energía que aportan, por ser de origen animal o vegetal, etc. La clasificación que se utiliza habitualmente reúne a los alimentos en los siguientes grupos.

Lácteos (leche y derivados)

Pertenecen a este grupo la leche, el yogur, el queso y todos sus derivados. Su importancia radica en que son la fuente de calcio más importante de la dieta.

La leche es uno de los alimentos más completos que existen. Aporta proteínas, hidratos de carbono, grasas, vitamina A, vitamina D, vitaminas del grupo B, calcio, magnesio y fósforo (aunque la leche desnatada aporta menos vitaminas que la entera). El yogur es un tipo de leche fermentada que tiene unas propiedades nutritivas muy parecidas a las de la leche, pero no contiene lactosa sino ácido láctico, que lo convierte en un alimento más digestivo.

Farináceos (cereales y féculas)

En este grupo se incluyen todos los cereales (arroz, trigo, avena, cebada…) y sus derivados (pan, pasta, galletas…), así como las patatas y el resto de tubérculos. Son alimentos muy ricos en hidratos de carbono complejos y su misión en el cuerpo es esencialmente energética. También contienen importantes dosis de proteínas vegetales. Deben estar presentes en una dieta equilibrada y no es aconsejable suprimirlos aunque se esté siguiendo una dieta ligera.

Verduras y hortalizas

Son alimentos que contienen una gran proporción de agua, pero también de vitamina C, provitamina A, fibra y minerales. Con la cocción pierden gran parte de su valor nutritivo pero resultan mucho más digestivos. Es aconsejable que la dieta contenga diariamente este tipo de alimentos ya que su aporte en fibra es esencial para el buen funcionamiento del aparato digestivo. Además, son alimentos de escaso aporte energético. De ahí que se aconsejen en grandes cantidades en las dietas ligeras.

Frutas

Su característica más remarcable es su alto contenido en vitaminas, sobre todo A y C. Al igual que las verduras, también contienen minerales y una notable dosis de agua, si bien en menor proporción que aquéllas. Además, las frutas son ricas en hidratos de carbono simples, por lo que son buenas fuentes de energía: su consumo en caso de dietas ligeras debe ser moderado.

Grasas

Aquí se incluyen aceites, grasas animales, mantequillas, margarinas, etc. Recordemos que la grasa más recomendable es el aceite de oliva y que este tipo de alimentos debe estar presente en una dieta equilibrada, aunque sean muy energéticos. El aceite de oliva, además, es una excelente fuente de ácidos grasos insaturados y vitamina E.

Alimentos proteicos
(carne, pescado, huevos y legumbres)

Son sin duda la principal fuente de proteínas de nuestra dieta. La carne también aporta dosis variables de grasa, vitaminas del grupo B, fósforo y potasio. En general, las carnes blancas aportan menos grasas que las rojas. El pescado tiene un aporte proteico algo menor que la carne, pero también una dosis más pequeña de grasas. El huevo es un completísimo alimento, rico en proteínas, pero también en vitamina A, D, hierro y fósforo; su único problema es el alto contenido en colesterol de la yema. Las legumbres son los alimentos de origen vegetal más ricos en proteínas, si bien éstas no son de idéntica calidad a las de la carne. Una buena forma de aumentar su calidad nutritiva es tomarlas con cereales.

Grupo misceláneo

En este grupo se incluyen bebidas, bebidas alcohólicas, condimentos, golosinas, etc. Sus características son muy variables y algunos de ellos tienen un valor nutritivo prácticamente nulo. Quedarían sin clasificar los frutos secos, que, por su composición muy rica en proteínas y grasas, podemos incluir perfectamente en el grupo de los alimentos proteicos. En cualquier caso, son alimentos de un alto valor nutritivo que vale la pena incluir en la dieta, aunque en dosis moderadas puesto que son muy energéticos.

La dieta equilibrada y las ventajas de la dieta mediterránea

Una dieta equilibrada es aquella que proporciona a nuestro cuerpo todo lo que necesita para mantener la salud, permitiendo realizar todas las actividades cotidianas y prevenir las enfermedades.

Una de las dietas más equilibradas es la mediterránea. Aunque son mediterráneos países con hábitos alimentarios tan diversos como España, Italia, Grecia, Túnez, Egipto, Libia o Marruecos, su alimentación posee elementos comunes como el aceite de oliva, el trigo, las uvas, las verduras, el pescado o el pan, que son los que confieren a esta dieta todas sus ventajas y su merecida fama de saludable.

El aceite de oliva

El aceite de oliva es la grasa típica de la dieta mediterránea y uno de los ingredientes que la hacen más saludable. Prestigiosos estudios han demostrado que este tipo de aceite protege al sistema cardiovascular, y ésta es una de las causas por las que en nuestro país, al igual que en otros países mediterráneos, la incidencia de infarto y problemas similares es menor que en países que utilizan básicamente grasas animales o mantequillas. Además, el aceite de oliva regula el nivel de colesterol y es el más recomendable para las frituras.

El pescado

Otra ventaja de la dieta mediterránea es su notable contenido en pescado. Éste es un alimento con un alto contenido proteico y una tasa de grasas mucho más baja que la carne. Además, se ha demostrado que el pescado azul tiene grasas beneficiosas para el organismo. La verdadera dieta mediterránea incluye el pescado de forma habitual y un consumo de carne muy moderado, muy al contrario de otros países en que el consumo de carne es abundante y el de pescado es esporádico.

Las frutas y verduras

La abundancia de frutas y verduras es otra de las virtudes de la dieta mediterránea. Este tipo de alimento es la principal fuente de vitaminas B y C y provitamina A de la dieta, de probados efectos antioxidantes y un cierto efecto protector frente a enfermedades como el cáncer. Su excelente aporte de fibra evita patologías tan habituales como el estreñimiento, la diverticulosis o el cáncer de colon. La fruta ha sido desde siempre el postre por excelencia en este tipo de dieta y tiene amplias ventajas frente a los pastelitos o quesos grasos que se toman como postre en otros países: aporta menos energía, tiene un mayor efecto saciante y ayuda a no absorber parte del colesterol de la propia dieta.

Las legumbres

Las legumbres son también un ingrediente habitual. A pesar de que actualmente están un tanto desprestigiadas, no se puede olvidar que son una magnífica fuente de proteínas vegetales, minerales y fibra, y, por supuesto, no tienen colesterol. Es más, parece que su consumo ayuda a regular los niveles de colesterol e incluso los de glucosa, por lo que es un alimento muy apropiado para los diabéticos. En cuanto a su mala fama de «engordantes», hay que recordar que todos los alimentos engordan en mayor o menor medida, y que la energía que aportan 100 g de lentejas no es muy distinta a la que aportan 100 g de arroz blanco.

El vino

Por último, recordar que el vino ha sido siempre la bebida alcohólica propia de los países mediterráneos y que, consumido con moderación, tiene sus ventajas frente a las bebidas típicas de países anglosajones. Prestigiosos estudios han demostrado que el vino en pequeñas dosis tiene beneficiosos efectos para el organismo y que puede ser un efectivo protector del sistema cardiovascular.

CÓMO ES UNA DIETA EQUILIBRADA

Los científicos y expertos aconsejan que para que la dieta sea equilibrada debe cumplir los siguientes requisitos: el 55-60% de la energía de la dieta debe proceder de los hidratos de carbono, el 10-15% de las proteínas, el 30-35% de las grasas, y la dieta debe aportar las vitaminas, minerales y fibra necesarias. Si traducimos estos tecnicismos a términos más sencillos, la conclusión es que, para que la dieta sea equilibrada, los expertos aconsejan que diariamente incluya los siguientes grupos de alimentos en distintas proporciones: lácteos, frutas, verduras u hortalizas, alimentos proteicos, alimentos farináceos y aceite o grasas.

Las cantidades aconsejadas de cada grupo de alimentos

Para que la dieta sea equilibrada no basta con escoger alimentos adecuados; también es necesario que las cantidades sean las correctas. De nada servirá tomar alimentos tan sanos como la fruta, el pescado o las legumbres si sus cantidades son excesivas o escasas. Por ello, la Organización Mundial de la Salud y diversos comités científicos hacen diferentes recomendaciones al respecto, utilizando unas cantidades que se denominan raciones. Ración es la cantidad de alimento que se considera más o menos adecuada en una dieta equilibrada. Añadiendo las raciones a los grupos de alimentos que se aconsejan diariamente en una dieta equilibrada obtendremos la pauta básica de la dieta diaria:

- 2-3 raciones de lácteos (leche, yogur o queso)
- 2 raciones de verduras u hortalizas
- 3-5 raciones de farináceos (cereales o féculas)
- 2 raciones de alimentos proteicos (carne, pescado, huevo o legumbres)
- 2 raciones de frutas
- 3 raciones de grasas

A TENER EN CUENTA

- Las raciones de esta dieta equilibrada se refieren a los alimentos crudos.

- La cantidad exacta de cada ración dependerá de las características de cada persona: edad, peso, el ejercicio físico que realice, estado fisiológico, etc.

- El número de raciones también depende de las características personales. Así, una embarazada o un adolescente necesitarán más raciones de lácteos que una persona de la tercera edad. Una persona con una gran actividad física necesitará más farináceos que otra sedentaria.

- Es importante que las raciones de cada grupo de alimentos sean variadas. Si se aconsejan dos raciones de alimentos proteicos al día, será más adecuado que una de ellas sea carne y la otra pescado.

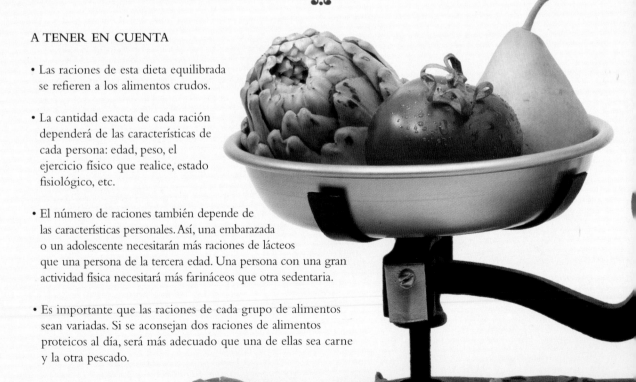

EQUIVALENCIAS

1 ración de lácteos	250 cc de leche, o 2 yogures, o 30-50 g de queso curado, o 80-100 g de queso fresco, o 150 cc de kéfir.
1 ración de verduras u hortalizas	2 tomates medianos, o 2 zanahorias, o 200-300 g de verdura, o un plato grande de ensalada.
1 ración de farináceos	50-80 g de pan, o 35-50 g de cereales de desayuno, o 50-80 g de pasta, o 200-250 g de patata, o 50-80 g de arroz.
1 ración de alimentos proteicos	100-120 g de carne, o $^1/_4$ de pollo, o 150-200 g de pescado blanco, o 100-150 g de pescado azul, o dos huevos, o 60-80 g de legumbres, o 30-50 g de jamón.
1 ración de frutas	1 manzana, o 1 naranja, o 3 mandarinas, o 4 ciruelas, o 1 taza de fresas, o 250 g de melón o piña, etc.
1 ración de grasas	Una cucharada sopera de aceite de oliva, o una cucharada sopera de aceite de semillas, o 10-50 g de margarina, o 10-15 g de mantequilla.

• Es recomendable que los primeros platos vayan variando semanalmente y que se tome arroz, pasta, patatas, etc. La alternancia de alimentos es importante.

• El menú semanal debe incluir pescado, sobre todo azul. La carne roja, los embutidos y las carnes grasas deben tomarse con moderación.

• Una persona sana puede tomar semanalmente de 3 a 5 huevos sin problemas, recordando que los huevos también están presentes en mayonesas, natillas, rebozados y pasteles.

• Es preferible que de las dos raciones de verduras y hortalizas, al menos una sea cruda. La cocción disminuye el valor vitamínico de los vegetales.

• La grasa más aconsejable es la que proviene del aceite de oliva. Además, es la que mejor resiste la cocción. El aceite de oliva extra virgen tiene un valor nutricional más elevado que el que se denomina simplemente «aceite puro de oliva»; entre otras cosas tiene un contenido más elevado de vitamina E.

• El pan puede incluirse perfectamente dentro de una dieta equilibrada y tiene un valor nutritivo semejante al de la pasta o al del arroz. Actualmente tiene una injusta mala fama, ya que una rebanada de pan de 30 g aporta menos calorías que un yogur de frutas. Naturalmente el pan integral es más aconsejable, pues posee un valor nutritivo mayor, más fibra, y un nivel energético similar al del pan blanco.

Una alimentación adecuada para cada edad

Aunque una dieta equilibrada es básicamente similar para todas las edades, hay diferencias y particularidades propias de cada etapa de la vida. Paralelamente a los cambios que nuestro cuerpo va experimentando con los años, también van cambiando nuestras necesidades nutricionales.

La dieta del escolar

Se considera que la etapa escolar va desde los 3 años hasta la preadolescencia, y es durante esos años cuando se empezarán a instaurar los futuros hábitos dietéticos. La estructura de la dieta será similar a la del adulto pero con las cantidades de los alimentos proteicos, como la carne o el pescado, algo menores. Lo mismo puede decirse de los farináceos o las verduras. Debe intentarse, pues, que las verduras y el pescado estén presentes en la dieta.

La dieta del adolescente

Ésta es una de las etapas de la vida en que la dieta debe ser más energética. Los adolescentes requieren, para cubrir los cambios físicos de su organismo y su intensa actividad física e intelectual, una dieta más calórica que la de sus padres y sus hermanos menores. Un adolescente necesitará unas 3-4 raciones de lácteos, una dosis alta de alimentos proteicos y el máximo número de raciones de farináceos. A estas edades es frecuente la ingesta de comida rápida, por lo que en el ámbito familiar la comida debe ser equilibrada.

La dieta del adulto

Es la que se ha descrito en las páginas dedicadas a la dieta equilibrada, pero teniendo en cuenta que los varones necesitan un aporte energético superior al de las mujeres, y que la energía diaria que requiere una persona depende de su altura, peso y actividad física. No hay que olvidar que en la edad adulta empieza a existir riesgo de cardiopatías, hipertensión, etc., por lo que es necesario que la dieta sea sana, con abundantes alimentos frescos, grasas animales en dosis moderadas y cafeína y excitantes sin excesos.

La dieta de la embarazada

La embarazada no ha de comer por dos, como se creía antes, pero sí debe cubrir sus necesidades nutricionales y las del feto. La dieta de la embarazada ha de ser similar a la del adulto pero con unas 3-4 raciones de lácteos, dosis máximas de alimentos proteicos, un buen aporte de vegetales y frutas y, sobre todo, con una energía controlada. El incremento de calorías que se aconseja para la embarazada es de unas 250-300 kcal/día a partir del segundo trimestre, lo cual no tiene nada que ver con comer el doble.

Es recomendable que el aumento de peso en todo el embarazo no supere los 12-14 kg, por lo que los alimentos muy energéticos, como la pastelería, los guisos o las salsas deben tomarse con mucha precaución.

La dieta de la madre lactante

Con la lactancia las necesidades nutricionales aumentan y se requiere un aumento energético de unas 500 kcal/día. De hecho, uno de los comentarios más frecuentes de las madres lactantes es su desmesurado apetito: la lactante «fabrica» diariamente a partir de sus reservas una cantidad notable de leche y esto tiene su coste nutritivo. Por ello, debe ingerir unas 4 raciones de lácteos y líquidos en cantidades suficientes. El aporte de alimentos proteicos debe estar también asegurado. Asimismo será aconsejable que su dieta no contenga alimentos que puedan incidir sobre el sabor de la leche: los espárragos, las espinacas o el café son algunos de ellos.

La dieta de la tercera edad

El envejecimiento es un proceso lento, progresivo, y muy variable de una persona a otra, por lo que en las necesidades nutricionales habrá también muchas diferencias. En general, a partir de la madurez, todas las personas van sufriendo cambios como la pérdida de masa magra del cuerpo, un aumento de la masa grasa o cierta disminución de la capacidad digestiva.

Con la edad, suele haber una mayor incidencia de enfermedades como la diabetes, la hipertensión, los problemas osteoarticulares, los procesos arterioscleróticos, etc. Por todo ello, es recomendable que se siga la misma estructura de la dieta equilibrada del adulto, pero controlando la energía, tomando alimentos con cocciones sencillas, evitando platos indigestos o demasiado manipulados y limitando la ingesta de sal, azúcar y grasas saturadas.

Errores frecuentes de nuestra alimentación

Para que una alimentación sea sana y equilibrada, hay una serie de errores y malas costumbres que se deben erradicar.

El desayuno escaso

Un desayuno escaso provoca que se acabe la energía a media mañana y que la comida del mediodía sea demasiado copiosa. Un café con un bollo no es suficiente después de más de 8 horas de ayuno y con toda una mañana por delante. Un buen desayuno debe constar de pan o cereales, lácteos, una pieza de fruta o zumo y algo de queso, jamón, huevo o alimentos similares. Es recomendable no incluir diariamente productos de pastelería.

El exceso de grasas

La toma excesiva de carnes, embutidos, productos de pastelería, lácteos enteros, mantequillas, salsas, etc., hace que la dieta tenga una tasa demasiado elevada de grasas saturadas y colesterol. Ambas sustancias en exceso son peligrosas para nuestras arterias y uno de los factores desencadenantes de enfermedades cardiovasculares. También hay grasas vegetales como el aceite de palma o de coco que en exceso tampoco son recomendables.

El exceso de carne

Con frecuencia se toma un exceso de carnes y embutidos o fiambres. La creencia de que una dosis generosa de carne es imprescindible para una alimentación sana es errónea. La carne es un alimento rico en proteínas y con muchas virtudes, pero debe alternarse con el pescado, los huevos y las legumbres.

El exceso de condimentación

Se tiende a condimentar los alimentos en exceso. La sal en cantidades elevadas puede favorecer la aparición de hipertensión. Esto no quiere decir que la sal deba suprimirse totalmente. Recordemos que hay alimentos como los embutidos, salazones, aperitivos empaquetados, salsas, sopas de sobre, precocinados, etc., que contienen sal en dosis muy notables.

Comer deprisa

Es importante comer con el tiempo adecuado, masticando correctamente y en un lugar tranquilo. Una comida debe durar un mínimo de 20 minutos. Las prisas son a menudo causa de problemas gástricos.

Comer a deshoras

Muchas veces se come sin horario fijo y a deshoras, lo que constituye una de las causas más frecuentes de sobrepeso. Es importante que los horarios de comida sean regulares y constantes. Cenar tarde o generosamente produce insomnio y todas las desventajas de un sueño poco reparador.

Los prejuicios

Por su mala fama de «engordantes» hay alimentos beneficiosos como el pan, las legumbres o las patatas que se han dejado de lado últimamente. Suelen considerarse alimentos de poco valor nutritivo y propios de dietas pobres, pero lo cierto es que son estupendas fuentes de hidratos de carbono complejos, un nutriente básico en una dieta equilibrada.

El exceso de azúcar

Asimismo, otro error frecuente es el consumo de azúcar en dosis demasiado generosas. Los pastelitos, caramelos, mermeladas, refrescos, etc., son algunos alimentos que contienen azúcar en cantidades considerables. El azúcar aporta sólo energía y, tomado en exceso, puede favorecer el sobrepeso y la caries. Como la sal, se debe moderar su consumo, no erradicarlo.

Las bebidas excitantes

Las bebidas excitantes como el café, el té o las bebidas de cola están demasiado presentes en nuestra dieta. El café ingerido en dosis elevadas puede producir insomnio, nerviosismo, problemas gástricos y taquicardias. Es difícil determinar la dosis ideal, pues varía mucho de una persona a otra. Sin embargo, la mayoría de especialistas están de acuerdo en que a partir de 4 tazas la dosis ya es excesiva.

Los productos precocinados

Las prisas y el ritmo de vida actual hacen que nos alimentemos demasiado a menudo con productos precocinados. No debemos olvidar que su valor nutritivo es menor que el de los alimentos frescos. Además, suelen contener una elevada dosis de sal, condimentos y grasas saturadas.

Los hidratos de carbono

Los hidratos de carbono son nutrientes que se encuentran sobretodo en los alimentos de origen vegetal y constituyen la principal fuente de energía de la alimentación mundial. A pesar de que no son imprescindibles, es aconsejable incluirlos siempre en la dieta. También se denominan glúcidos, carbohidratos y, popularmente, «azúcares».

Tipos

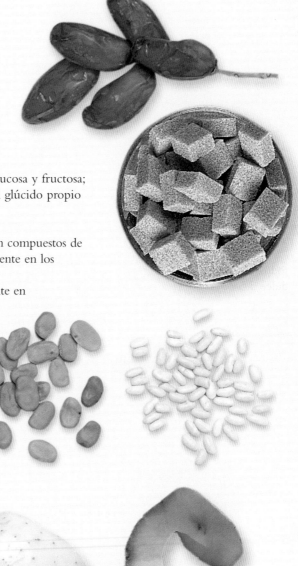

• Los monosacáridos son los glúcidos más sencillos y pequeños.
Dentro de este grupo se encuentra la glucosa, el combustible esencial de nuestras células; la fructosa, muy abundante en las frutas y uno de los glúcidos más dulces, o la galactosa.

• Los oligosacáridos están compuestos por varios monosacáridos.
La sacarosa o azúcar común, que está compuesta de glucosa y fructosa; la lactosa, compuesta por galactosa y glucosa, que es el glúcido propio de la leche y derivados.

• Los polisacáridos o hidratos de carbono complejos están compuestos de muchas unidades de monosacáridos y se hallan básicamente en los vegetales.
El almidón es uno de los más importantes y está presente en los cereales, patatas, legumbres, etc. Hay también hidratos de carbono complejos de origen animal, como el glucógeno, presentes en la carne o el pescado aunque son menos importantes. Ambos aportan energía a la dieta. Otro hidrato de carbono complejo es la fibra, es decir, la parte no digerible

de los vegetales. No aporta prácticamente energía, pero su presencia es esencial en la dieta, entre otras cosas es imprescindible para el correcto funcionamiento del sistema digestivo.

En el intestino se absorben los monosacáridos, de manera que los hidratos de carbono complejos, antes de absorberse, se degradan a monosacáridos. Ésta es la explicación por la que un hidrato de carbono complejo se absorbe más lentamente y tarda más en aportar energía al organismo. Es por ello que ante la necesidad de energía se da azúcar o glucosa y no arroz hervido o pasta.

Funciones

• Su función esencial es la energética. No en vano se recomienda que el 55-60% de la energía de la dieta diaria proceda de este tipo de nutrientes. Sin embargo, debe quedar claro que la dieta ha de aportar cantidades moderadas de monosacáridos y oligosacáridos o hidratos de carbono simples y, en cambio, una buena dosis de polisacáridos o hidratos de carbono complejos, de manera que sólo un 10% de la energía diaria de la dieta proceda de los hidratos de carbono simples.

Todo esto traducido a palabras más llanas significa que el azúcar, las mermeladas, los caramelos y, en definitiva, todo lo que tiene un sabor dulce debe consumirse en dosis muy pequeñas. En cambio, la pasta, las patatas, el arroz, etc., y, por supuesto, los alimentos ricos en fibra, pueden consumirse en cantidades más generosas.

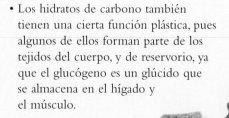

• Los hidratos de carbono también tienen una cierta función plástica, pues algunos de ellos forman parte de los tejidos del cuerpo, y de reservorio, ya que el glucógeno es un glúcido que se almacena en el hígado y el músculo.

● FUENTES ALIMENTARIAS ●

La carne, el pescado o los huevos contienen hidratos de carbono en mínimas cantidades. En las grasas como el aceite o la mantequilla prácticamente no existen. Por contra, el azúcar o la miel son alimentos extraordinariamente ricos en hidratos de carbono.

Alimentos ricos en hidratos de carbono simples:

• Azúcar
• Miel
• Mermeladas
• Pasteles
• Caramelos
• Chocolate
• Dátiles
• Ciruelas secas, higos secos
• Zumos de fruta
• Uvas

Alimentos ricos en hidratos de carbono complejos:

• Arroz
• Centeno
• Avena
• Pasta
• Pan
• Legumbres
• Patatas
• Frutos secos

Alimentos ricos en fibra:

• Salvado
• Col
• Coliflor
• Espinacas
• Alcachofas
• Legumbres
• Cereales integrales
• Hortalizas

Las grasas

Las grasas o lípidos son nutrientes ampliamente repartidos en los alimentos de procedencia animal y vegetal y tienen un importante papel en la alimentación. Aunque tomadas en exceso pueden provocar problemas, los lípidos son necesarios para el cuerpo e incluso hay algunos –denominados ácidos grasos esenciales– que son imprescindibles.

Grasas saturadas e insaturadas

Los ácidos grasos insaturados y poliinsaturados son propios de los aceites vegetales, como el ácido oleico, que es muy abundante en el aceite de oliva, pero que también puede hallarse en el pescado. Los ácidos grasos saturados son más abundantes en las grasas de origen animal aunque también hay algunos vegetales que los contienen.

Un exceso de ácidos grasos saturados es un factor de riesgo para la aparición de enfermedades cardiovasculares. Por contra, los ácidos grasos insaturados tienen efectos muy positivos sobre el sistema cardiovascular. Los ácidos grasos esenciales (ácidos linoleico, linolénico y araquidónico) son especialmente importantes porque resultan imprescindibles y, sin embargo, el cuerpo no los sintetiza, es decir, no los produce por sí mismo, y sólo los puede obtener de los alimentos. De ahí que una dieta sin grasa sea totalmente desaconsejable. Los aceites de semillas son especialmente ricos en ácidos grasos esenciales.

Tipos

• Los triglicéridos son los lípidos que más abundan en los alimentos y contienen ácidos grasos insaturados y saturados. Las grasas y los aceites están compuestos básicamente de triglicéridos.

• El colesterol es un lípido que sólo se halla en los alimentos de origen animal y que es recomendable ingerir en dosis muy moderadas. El cuerpo también sintetiza este lípido por lo que los famosos niveles de colesterol dependen poco de la dieta. El colesterol tiene en el organismo importantes funciones y sólo es problemático cuando sus niveles en la sangre son superiores a los normales.

• Los fosfolípidos son los lípidos que menos abundan
en los alimentos y se ingieren en cantidades mínimas.

Funciones

• Una de sus funciones más importantes es la
energética: cada gramo de grasa aporta 9 kcal.
Además, también son un importante reservorio
energético: los llamados «michelines» no son más
que acumulaciones de grasa (triglicéridos).

• Otra función es la estructural. El colesterol y
los fosfolípidos forman parte de la membrana de
las células. Además, el colesterol es un precursor
de algunas hormonas y de la vitamina D. Los
fosfolípidos forman parte también de la membrana
de las células.
No obstante, las grasas no son sólo energía sino que
aportan también ácidos grasos esenciales y además
constituyen la estructura básica de las vitaminas
liposolubles (A, D, E y K).

●FUENTES ALIMENTARIAS●

Recordemos que se recomienda que
el 30-35% de la energía proceda de
las grasas pero teniendo en cuenta
que deben predominar las grasas
vegetales sobre las de origen animal,
en una relación de 3 a 2.

**Algunos alimentos ricos en grasa
vegetal (básicamente ácidos grasos
insaturados):**
• Aceite de oliva
• Aceite de soja
• Aceite de maíz
• Aceite de girasol
• Frutos secos

**Algunos alimentos ricos en grasa
animal (básicamente ácidos grasos
saturados):**
• Carne de cerdo
• Carne de cordero
• Carne grasa de ternera
• Mantequilla
• Nata
• Manteca
• Quesos curados
• Embutidos
• Margarina mixta
• Crema de leche

Algunos alimentos ricos en colesterol:
• Yema de huevo
• Sesos
• Riñones
• Hígado
• Mantequilla
• Marisco
• Quesos grasos
• Salsas de huevo

Las proteínas

Son un ingrediente esencial e imprescindible en la dieta ya que el organismo humano necesita las proteínas de los alimentos para poder sintetizar las suyas propias. En el cuerpo no hay reserva de proteínas por lo que el aporte ha de ser constante.

Tipos

• Según su origen podemos dividirlas en proteínas de origen animal y proteínas de origen vegetal. Cada una de ellas, a su vez, está dividida en unidades más pequeñas denominadas aminoácidos. Hay hasta 20 aminoácidos diferentes y cada proteína es una combinación de un número variable de ellos. El organismo humano puede sintetizar algunos de estos aminoácidos, pero hay otros, llamados aminoácidos esenciales, que forzosamente deben proceder de las proteínas de los alimentos. Lógicamente, las proteínas alimentarias tendrán más o menos calidad según la cantidad de aminoácidos esenciales que contengan. Es importante recordar que, mediante los procesos digestivos, las proteínas alimentarias se dividen en aminoácidos, que es lo que se absorbe.

• Las proteínas de origen animal son las que aportan la carne, el pescado, los huevos, la leche y sus derivados. Tienen un mayor valor nutritivo que las vegetales, ya que contienen más aminoácidos esenciales. La proteína del huevo es la que tiene la

máxima calidad nutricional y se utiliza como proteína de referencia.

• Las proteínas vegetales, contenidas sobre todo en los cereales y las legumbres, están presentes en estos alimentos en cantidades notables, pero su valor nutritivo es bastante menor. Para aumentar su valor nutritivo pueden complementarse mezclando, por ejemplo, cereales y legumbres o frutos secos.

Funciones

- La función más importante de las proteínas es la estructural. Las proteínas forman parte de las células del cuerpo, es decir, son parte de la estructura corporal.

- Otra función importante es la de defensa. El sistema inmunitario está compuesto básicamente de proteínas.

- Las proteínas también tienen un papel esencial en el control genético, pues las características genéticas del ser humano vienen dadas a partir de las proteínas de sus células.

- Asimismo, también son proteínas la mayor parte de sustancias que se encargan del transporte celular; por tanto, tienen también una misión transportadora.

- Por último, hay una serie de sustancias que forman parte del funcionamiento del cuerpo (enzimas, hormonas, neurotransmisores, etc.) que son proteínas, por lo que tienen también una misión biorreguladora.

- Una pequeña parte de proteínas puede servir de combustible energético para el cuerpo, pero ésta no es su función esencial; los hidratos de carbono y las grasas de la dieta son los que se encargan de aportar energía al cuerpo. Sólo en caso de dietas muy desequilibradas, con una cantidad deficiente de hidratos de carbono, las proteínas servirán de combustible. Éste es precisamente uno de los principales peligros de estas dietas: las proteínas tienen funciones muy importantes en el cuerpo, que no realizarán si son simples sustratos energéticos.

● FUENTES ALIMENTARIAS ●

El 12-15% de la energía de la dieta debe proceder de las proteínas, recordando que la mitad de éstas deben ser de origen animal y la otra mitad, vegetal. La dieta debe contener diariamente la dosis necesaria de proteínas, teniendo en cuenta que los niños en edad de crecimiento, las embarazadas y las madres lactantes necesitarán dosis algo superiores a las del resto de adultos. Una dieta sin proteínas, o con una cantidad deficiente, o de poca calidad nutricional, puede producir graves problemas de salud.

Algunos alimentos ricos en proteínas vegetales:
- Soja
- Lentejas
- Garbanzos
- Guisantes
- Frutos secos
- Germen de trigo
- Arroz integral

Algunos alimentos ricos en proteínas animales:
- Huevos
- Carne
- Pescado
- Leche
- Queso
- Yogur

Las vitaminas

Las vitaminas son unos nutrientes esenciales para el hombre, que éste no puede sintetizar, y que por tanto ha de obtener de los alimentos. Sólo la vitamina D, la vitamina K y el ácido nicotínico o B$_3$ pueden obtenerse por diversos procesos en el organismo, aunque no siempre en cantidades suficientes. No hay ningún alimento que aporte todas las vitaminas que se necesitan, aunque todos los alimentos contienen una o más vitaminas en mayor o menor proporción. Ésta es una de las razones por las que se recomienda que la dieta sea variada y con todo tipo de alimentos. Las vitaminas se clasifican en vitaminas hidrosolubles (vitamina C y el complejo B) que se excretan por la orina y no se acumulan en el cuerpo, y vitaminas liposolubles (vitaminas A, D, E y K), que se acumulan en el cuerpo y no se excretan por la orina.

VITAMINAS LIPOSOLUBLES

Vitamina	Funciones	Fuentes alimentarias	Requerimientos
Vitamina A o retinol	Mantenimiento de los tejidos y epitelios corporales; interviene en la visión	Leche, mantequilla, huevo, hígado, zanahoria, espinacas, melón, albaricoque... (en los vegetales se encuentra como provitamina A)	1 mg/día (2/3 partes de esta vitamina puede tomarse en forma de provitamina A)
Vitamina D o colecalciferol	Regula el metabolismo del calcio y del fósforo; mantenimiento de los huesos	Pescado, huevos, mantequilla	0,001 mg/día (cuando no hay exposición solar o hay déficit de calcio, los requerimientos pueden aumentar)
Vitamina E o tocoferol	Es una sustancia antioxidante; mantiene la permeabilidad de las membranas celulares	Aceites de semillas, frutos secos, aceite de oliva virgen, germen de cereales	10-20 mg/día (puede aumentar si la dieta es muy rica en ácidos grasos poliinsaturados)
Vitamina K	Interviene en la síntesis de los factores de coagulación	Verduras, vegetales de hojas verdes, frutas	No es necesaria; puede serlo cuando hay problemas intestinales o de mala absorción

VITAMINAS HIDROSOLUBLES

	Vitamina	Funciones	Fuentes alimentarias	Requerimientos
	C o ácido ascórbico	Antioxidante, formación del colágeno, formación glóbulos rojos, etc.	Verduras, hortalizas, cítricos (naranja, limón), frutas	45-50 mg/día (aumentan con el tabaco, hasta 100 mg/día)
	B_1 o tiamina	Interviene en el metabolismo	Hígado, carne, leche, legumbres, cereales	0,5 mg/1.000 kcal (aumentan con la ingesta de alcohol)
	B_2 o rivoflavina	Interviene en el funcionamiento ocular y en el metabolismo energético	Hígado, huevos, leche, levaduras, legumbres, frutos secos	0,55 mg/1000 kcal (aumentan con los anticonceptivos)
	B_3 o ácido nicotínico	Interviene en el metabolismo	Hígado, carne, pescado, cereales, levaduras	6,7 mg/1.000 kcal (aumentan con la ingesta de alcohol)
	B_6 o piridoxina	Interviene en el metabolismo de los aminoácidos	Hígado, pescado azul, carne, levaduras	2 mg/día (aumentan con los anticonceptivos)
	B_8 o biotina	Síntesis de las grasas, metabolismo de aminoácidos y formación de glucógeno	Hígado, huevos, levadura	0,1 g/día
	B_9 o ácido fólico	Maduración de glóbulos rojos y blancos; metabolismo de los aminoácidos	Hígado, vegetales, espinacas, col, espárragos	200 mcgr/día (aumentan con el embarazo y la toma de anticonceptivos)
	B_{12} o cianocobamina	Maduración de los glóbulos rojos; interviene en el sistema nervioso	Carne, huevos, leche, hígado (no está en los vegetales)	3 mcgr/día (aumentan con el embarazo)

Los minerales

Casi el 5% del peso corporal está constituido por minerales, lo cual nos da una idea de la importancia que tienen. Hay más de 26 minerales esenciales en el organismo, pero no todos están presentes en las mismas cantidades. Lógicamente, cuanta más cantidad de un mineral se encuentre en el cuerpo, más grande deberá ser el aporte del mismo por parte de la dieta.

Así pues, hay minerales que se necesitan diariamente en cantidades considerables (100 mg/día o más) y se denominan macronutrientes esenciales. Son el calcio, el fósforo, el sodio, el potasio, el cloro, el magnesio y el azufre. Hay otros que son esenciales pero en cantidades menores (menos de 100 mg/día) y se denominan micronutrientes esenciales. Son el hierro, el flúor, el cobre, el cobalto, el cinc, el cromo, el manganeso, el yodo, el molibdeno y el selenio.

PRINCIPALES MINERALES PRESENTES EN EL ORGANISMO

Mineral y cantidad	Funciones	Enfermedades por carencia	Fuentes alimentarias	Necesidades diarias	Exceso
Calcio (1.500 g)	Constituye huesos y dientes; interviene en la coagulación de la sangre, la excitabilidad muscular y la conducción del impulso nervioso	Raquitismo (niños), osteoporosis, osteomalacia, caries, irritabilidad	Leche, yogur, queso (curado), legumbres, frutos secos, pescado	800-1.000 mg/día (embarazadas y lactantes: 1.200 mg/día)	No registrado en el ser humano
Fósforo (860 g)	Constituye dientes y huesos; interviene en el metabolismo, en el almacenamiento de la energía, en el sistema nervioso, etc.	Debilidad muscular, fatiga, trastornos nerviosos (aunque es muy raro que haya déficits pues casi cualquier dieta lo contiene en abundancia)	Carne, pescado, legumbres, leche, queso, huevo (sobre todo en los alimentos ricos en proteínas)	800 mg/día (suele tomarse mucho más fósforo del necesario)	Erosión de la mandíbula (mandíbula porosa)

Mineral y cantidad	Funciones	Enfermedades por carencia	Fuentes alimentarias	Necesidades diarias	Exceso
Magnesio (25 g)	Constituye huesos y dientes; interviene en el impulso nervioso, en la relajación muscular, etc.	Desorientación, fatiga muscular, temblor, irritabilidad (aunque su carencia es rara en individuos sanos)	Verduras, hortalizas, legumbres	300-350 mg/día (suelen estar siempre cubiertas)	Diarrea
Hierro (4,5 g)	Formación de la hemoglobina (la mayor parte de hierro del cuerpo está en los glóbulos rojos)	Anemia ferropénica, palidez, cansancio, uñas y pelo quebradizo, debilidad	Carne, huevos (yema), hígado, legumbres, verduras	10-12 mg/día (adultos); 15-18 mg/día (embarazadas, mujeres en edad de procrear); 12-15 mg/día (adolescentes)	Cirrosis hepática
Flúor (2,6 g)	Mantiene la firmeza de los huesos y del esmalte dental	Caries (debe tenerse en cuenta que un exceso de flúor también puede conllevar problemas como la fluorosis)	Agua potable, té, pescado, marisco, acelgas, col, espinacas	1-4 mg/día (según el tipo de aguas puede haber diferentes aportes de flúor. Las duras aportan más flúor)	Dientes moteados; aumento de la densidad ósea; alteraciones neurológicas
Yodo (0,011 g)	Imprescindible para la formación de las hormonas tiroideas y para el funcionamiento del tiroides	Hipotiroidismo, bocio, cretinismo	Pescado, marisco, sal yodada, crustáceos, verduras (el aporte de yodo variará según el terreno de plantación)	80-140 mcgr/día (adultos); las embarazadas y los adolescentes necesitan dosis superiores	Disminución de la actividad del tiroides
Selenio (0,013 g)	Actúa como antioxidante celular; está relacionado con mecanismos de defensa y con la síntesis y metabolismo de la vitamina E	Su déficit está relacionado con diversas enfermedades y varios tipos de cáncer	Pescado, vísceras, marisco, mandarinas	No se sabe actualmente cuáles son los requerimientos necesarios (la dieta aporta 0,05-0,1 mg/día)	Desórdenes gastrointestinales

20 alimentos sanos

Hay alimentos que, por sus propiedades nutritivas o su composición, tienen efectos tan positivos en el organismo que merecen la denominación de «alimentos sanos». Aquí se han seleccionado veinte de ellos, pero lo cierto es que la lista podría ser mucho más extensa. Obviamente, debe tenerse en cuenta que no se trata de «alimentos milagro» y que su consumo excesivo tampoco es recomendable.

Ajo
A pesar de su fuerte sabor y de que su digestión no es fácil, el ajo ha gozado desde siempre de una reconocida fama de alimento saludable: ayuda a controlar la tensión arterial, tiene un probado efecto anticolesterol y posee propiedades antibacterianas.

Aguacate
Una de las principales virtudes de esta fruta es su riqueza en vitamina E, vitamina con una intensa acción antioxidante en el organismo y que parece tener un cierto efecto protector frente a ciertos tipos de cáncer.

Albaricoque
Es la fruta que posee más provitamina A, un potente antioxidante del organismo, anticancerígeno y un precursor de la vitamina A. Ésta es imprescindible para la visión y el mantenimiento de epitelios y tejidos del organismo.

Alcachofa
Tiene efectos beneficiosos sobre los niveles de colesterol, por lo cual está indicada para las personas con problemas cardiovasculares. Además, favorece el buen funcionamiento del hígado y la vesícula biliar. También posee un cierto efecto diurético.

Arroz

Al igual que el resto de los cereales es un alimento
eminentemente energético con numerosas virtudes.
El arroz es muy digestivo y no posee gluten, por lo
que puede ser consumido por las personas que no
toleran esta proteína.

Aceite de oliva

Aceite típico y emblemático de la alimentación de
los países mediterráneos. Su alto contenido en ácidos
grasos monoinsaturados tiene efectos muy positivos
sobre los niveles de colesterol y es, por lo tanto, un
buen protector del sistema cardiovascular.

Brécol

Aunque la coliflor es más popular, el brécol es un
alimento de grandes virtudes nutritivas. De entrada
contiene casi el doble de vitamina C, es rico en
provitamina A y ácido fólico, nutriente imprescindible
para la formación de los glóbulos rojos.

Cebolla

La cebolla es de una especie vegetal muy próxima a
la del ajo y sus propiedades son bastante parecidas.
Tiene efectos diuréticos y es beneficiosa en caso de
colesterol alto. También posee propiedades antisépticas
y puede tener un cierto efecto descongestionante.

Frutos secos

Los frutos secos son muy energéticos, pero es
recomendable incluirlos en la dieta habitual. Son
magníficas fuentes de vitamina E, poseen una buena
dosis de grasas poliinsaturadas, con los consiguientes
beneficios para el sistema cardiovascular, y contienen
una cantidad notable de minerales.

Lentejas

Al igual que los garbanzos o las alubias, las lentejas
son alimentos extraordinariamente ricos en proteínas,
grasas vegetales, minerales y fibra. Las proteínas de
las lentejas, si bien no son idénticas a las de la
carne o los huevos, son de las de mayor calidad del
reino vegetal.

Germen de trigo

Éste es uno de los alimentos más ricos en vitaminas del complejo B que existen. Posee también una abundante dosis de vitamina E, magnesio, hierro, calcio y potasio. Aporta grasas poliinsaturadas y una ración nada despreciable de proteínas.

Manzana

La manzana es uno de los alimentos sanos por excelencia. La manzana cruda y con piel es un eficiente laxante para los casos de estreñimiento crónico. Cocida, es un alimento digestivo especialmente indicado para infecciones intestinales, colitis etc.

Naranja

Cítrico de suave sabor ácido y gran contenido vitamínico, la naranja es una buenísima fuente de vitamina C, fibra y minerales. Con una sola naranja se consigue prácticamente todo el aporte de vitamina C que nuestro cuerpo necesita a diario.

Pan

Desprestigiado y con una inmerecida fama de alimento energético, el pan es una excelente fuente de hidratos de carbono complejos con una mínima dosis de grasa y, por supuesto, sin colesterol. Si se trata de pan integral se añade fibra y una buena cantidad de vitamina B.

Pollo

La carne de pollo es un alimento rico en proteínas de alta calidad, con una mínima dosis de colesterol, una cantidad considerable de hierro y un aporte energético de sólo unas 125 kcal los 100 g. Siempre que se pueda es preferible consumir pollo de granja.

Queso fresco

El queso fresco es un alimento suave, digestivo y con una dosis de grasas generalmente inferior a la de los quesos curados (aunque contiene menos proteínas). Al poseer más agua tiene menos proporción de grasas y es más fácilmente digerible para el organismo.

Sardina

Asequible alimento cuya principal virtud es su notable contenido en grasas poliinsaturadas, las cuales son especialmente beneficiosas para prevenir las enfermedades cardiovasculares. Además, también es una excelente fuente de vitamina A, hierro, calcio y fósforo. A pesar de su mala fama de pescado engordante, la verdad es que 100 g de sardina aportan sólo unas 130 kcal. Evidentemente, si se toma rebozada o frita, la energía será superior.

Semillas

Las semillas, como las clásicas pepitas de girasol, el sésamo o las pipas de calabaza, son excelentes fuentes de grasas poliinsaturadas y ácidos grasos esenciales −como el ácido linolénico o linoleico−, con los consecuentes beneficios para las arterias y el sistema cardiovascular en general. Además, estos alimentos contienen notables dosis de vitamina E, vitamina B y fibra. Pueden utilizarse para aderezar los más diversos platos y su precio es francamente asequible.

Yogur

El yogur es un tipo de leche fermentada con todas las virtudes nutritivas de la leche pero con la ventaja añadida de que gracias a dicha fermentación no posee lactosa, sino ácido láctico; esto hace que sea un alimento mejor tolerado y más digestivo que la leche. Es una buena fuente de calcio, proteínas, vitamina A y vitamina B. Además está especialmente indicado para las personas con problemas digestivos. No hay que olvidar que un vaso de leche equivale a dos yogures de tamaño convencional.

Uva

Es una fruta rica en potasio, minerales y energía. Posee un notable contenido en bioflavonoides −que tienen probados efectos antioxidantes−. Prestigiosos estudios confieren también a la uva acciones anticancerígenas y protectoras de los vasos sanguíneos.

 RECETAS

● PRIMEROS PLATOS ●

Arroz frío a la hortelana

Una de las principales características del arroz es su digestibilidad. Este cereal, el más consumido en el mundo, contiene numerosos minerales y vitaminas del grupo B.

◑ INDICADO PARA

- Deficiencia de minerales
- Deficiencia de vitamina B
- Dietas equilibradas
- Dietas ricas en fibra

◑ INGREDIENTES (para 4 personas)

- 4 tazas de arroz
- 1 ramo de rabanitos
- 1 zanahoria
- 1 pepino
- Algunas hojas de col lombarda
- 1 endibia
- 1 cebollita tierna
- 2 tomates
- 1 limón
- 4 cucharadas de aceite
- Perejil
- Sal gruesa
- Pimienta

◑ PREPARACIÓN

1. Lavar y cortar las hortalizas. En el caso del pepino, rascar su piel, cortarlo a rodajas y colocarlo en un colador con sal gruesa para que pierda el agua.

2. Cocer el arroz; escurrirlo y dejarlo enfriar. Después, ponerlo en una ensaladera y rociarlo con aceite y un chorrito de limón.

3. Escaldar los tomates; pelarlos y batirlos con la batidora eléctrica.

4. Mezclar todos los ingredientes. Salpimentarlos y espolvorearlos con la cebollita y el perejil picados.

Caldo de alcachofa y cebolla

Tanto la alcachofa como la cebolla son depurativos que contribuyen a eliminar las toxinas del organismo. Las alcachofas son ricas en hierro y fósforo, siendo beneficiosas en caso de diabetes y de algunas dolencias renales. La cebolla, por su parte, es un ingrediente perfecto para este caldo ya que, a la riqueza en minerales de las alcachofas, añade su alto contenido en vitamina C.

◼ INGREDIENTES (para 4 personas)

- 2 cebollas frescas grandes
- 5 alcachofas
- 1 l de agua

◼ INDICADO PARA

- Diabetes
- Dolencias renales

◼ PREPARACIÓN

1. Poner a hervir en 1 l de agua a fuego lento las cebollas y las alcachofas durante 7 minutos.

2. Colar y reservar en un recipiente.

CONSEJOS DE LA ABUELA...

PARA NO LLORAR CON LAS CEBOLLAS

Para evitar la irritación ocular y las lágrimas al pelar las cebollas, sólo hay que pelarlas bajo el grifo en agua fría, o bien mojar la hoja del cuchillo varias veces.

Caldo de puerros

Este caldo tan sencillo de preparar posee todas las virtudes terapéuticas del puerro. Tomarlo en invierno no sólo ayudará a soportar mejor las bajas temperaturas, sino también protegerá contra los catarros.
El puerro es depurativo, laxante y favorece la digestión, además de ofrecer un delicioso sabor a todos los caldos vegetales. Este plato también se recomienda especialmente en casos de fiebre e infecciones intestinales.

INGREDIENTES (para 4 personas)

- 1 manojo de puerros
- 1 l de agua

PREPARACIÓN

1. Pelar y cortar los puerros.

2. Hervirlos en agua durante 15 minutos y colarlos.

INDICADO PARA

- Cálculos renales
- Dietas ligeras
- Dolencias de estómago
- Dolencias reumáticas

CONSEJOS DE LA ABUELA...

ADVERTENCIA

Si se tienen problemas de flatulencia es mejor no tomar puerros en exceso.

CONTRA LAS IRRITACIONES INTESTINALES

Las irritaciones intestinales pueden combatirse bebiendo diariamente medio vaso de este caldo de puerros.

Caldo rico en cobre

Los ingredientes de este plato –indicado para reforzar las defensas– cuentan con una característica común: su destacable contenido en cobre. Este mineral esencial para el organismo, cuya carencia puede provocar anemia, tiene un papel importante en la producción de sangre. Otras de sus funciones destacadas son la formación de la masa ósea, la asimilación de numerosas sustancias y la obtención de energía a partir de los alimentos.

◙ INGREDIENTES (para 4 personas)

- 3 cucharadas de alga *Fucus espiralis*
- 4 hojas de col o berza
- 1 cucharada de perejil
- 1 l de agua

....

CURIOSIDADES DE LA BOTICA

....

EL COBRE

Parece que el cobre favorece en el organismo la creación de los transmisores del sistema inmunitario. Si existe escasez de cobre, las órdenes de defensa son más lentas y las enfermedades pueden afectarnos más fácilmente.

....

◙ INDICADO PARA

- Afecciones circulatorias
- Anemia
- Reforzar las defensas

◙ PREPARACIÓN

1. Picar todos los ingredientes.

2. Cocer a fuego lento durante 15 minutos.

3. Dejar reposar toda la noche, y colar.

Canelones de espinacas con pasta integral

El valor nutritivo de este plato se ve multiplicado por el uso de la pasta integral. Las espinacas, por su parte, constituyen un magnífico laxante para la regulación del tránsito intestinal. Sin embargo, este plato no está recomendado para las personas que tengan el ácido úrico elevado o gota.

◙ INGREDIENTES (para 4 personas)

- 16 hojas de canelones
- 650 g de espinacas
- 1 cebolla grande
- 1 diente de ajo
- 1 cucharada de aceite
- 1 pimiento verde
- 100 g de almendras molidas
- 1 cucharadita de tomillo seco
- Salsa de tomate
- 50 g de parmesano rallado
- ½ l de agua
- Nuez moscada rallada
- Mantequilla
- Sal y pimienta

◙ INDICADO PARA

- Deficiencia de fibra
- Deficiencia de vitaminas B y E
- Estreñimiento

◙ PREPARACIÓN

1. Escaldar las espinacas durante unos minutos en agua hirviendo; escurrir y trocear. Rehogar la cebolla y el ajo en el aceite. Añadir el pimiento y cocer 3 o 4 minutos más. Agregar las espinacas troceadas, las almendras, el agua y el tomillo. Cocinar a fuego moderado, removiendo, y condimentar con nuez moscada, sal y pimienta.

2. Poner a cocer las placas de canelones siguiendo las instrucciones del fabricante. Una vez cocidas, sacarlas y colocarlas sobre un paño de cocina para que se escurran. Colocar una cucharada de las espinacas anteriormente preparadas en cada una de ellas, y enrollarlas para formar un cilindro.

3. Colocar los canelones en una bandeja (con el fondo untado de mantequilla) y poner a gratinar a 200 °C con una capa de salsa de tomate y con queso parmesano espolvoreado. Cuando el queso esté dorado, separar y servir.

LA CONSERVACIÓN DE LOS ALIMENTOS EN EL FRIGORÍFICO

Para mantener al máximo las cualidades de los alimentos cuando los guardamos en el frigorífico, es importante introducirlos envasados correctamente y en su lugar correspondiente. Aunque el frigorífico alarga su período de consumo, es muy conveniente tomarlos lo más frescos posible; por ello, es básico mirar bien las fechas de caducidad de cada uno de ellos. Los siguientes consejos ayudarán a conservar mejor los alimentos.

> **PARA EVITAR LOS MALOS OLORES**
>
> Para evitar los malos olores de la nevera, una buena solución es poner en el frigorífico medio limón o unos granos de café. También es muy efectivo colocar, al fondo de un estante, un pequeño recipiente con bicarbonato sódico.

- No se deben introducir los alimentos todavía calientes: debemos dejarlos enfriar antes.
- La zona más fría suele ser el final del serpentín, y ahí es donde deben guardarse los alimentos más perecederos.
- Las verduras deben colocarse en los cajones destinados al efecto, ya que necesitan menos frío que otros alimentos, al igual que las frutas (excepto los plátanos que, como la cebolla o el ajo, no deben guardarse en el frigorífico).
- En la zona superior deben guardarse los alimentos ya cocinados.
- Es necesario limpiar el pescado antes de colocarlo en el frigorífico e incluso ponerle unas ramitas de perejil para evitar los malos olores. Como la carne o los mariscos, se debe guardar en el sitio más fresco del frigorífico.
- Los huevos no deben mantenerse en el frigorífico más de una semana y han de colocarse con la zona más puntiaguda hacia abajo.
- Los embutidos deben almacenarse en pequeñas porciones en la parte más fría, al igual que las carnes.

- Las botellas hay que colocarlas en la puerta, al igual que la leche. La leche pasteurizada es de más corta duración que la uperizada y debe ser sometida a una fuente de calor antes de utilizar.
- La tortilla tiene que preservarse envuelta en aluminio y debe calentarse antes de ser consumida.

Cardo con almendras

Verduras y frutos secos combinan muy bien, ya que las primeras tienen una gran riqueza en vitaminas, mientras que los segundos poseen un alto contenido en proteínas y sales minerales. Las almendras, en particular, son muy nutritivas, ya que son ricas en proteínas, vitamina B y fósforo. El cardo, por su parte, parece que mejora el funcionamiento del hígado y estimula el apetito.

◙ INGREDIENTES (para 1 persona)

- 1 cardo blanco
- 1 platito de almendras
- 1 diente de ajo
- 1 pizca de harina
- 1 poco de consomé de verduras
- Aceite de oliva
- Sal

◙ INDICADO PARA

- Deficiencia de calcio
- Deficiencia de fibra
- Diabetes
- Dolencias renales
- Dolencias reumáticas
- Estreñimiento
- Falta de energía
- Hipercolesterolemia

CONSEJOS DE LA ABUELA...

SOBRE EL ACEITE CALIENTE

Para evitar el sabor y el olor demasiado fuerte del aceite al calentarlo, poner una miga grande de pan untada en vinagre en la paella caliente; una vez el pan esté muy dorado, ya se puede retirar.

◙ PREPARACIÓN

1. Pelar el cardo sólo por la parte de dentro, quitando las fibras; trocearlo y verter los trozos en agua con un poco de harina disuelta.

2. Sacar el cardo y verterlo en una cazuela de agua hirviendo con sal. Dejarlo hervir durante 40 minutos (25-30 minutos si la olla es exprés).

3. En una sartén poner un chorro de aceite y dorar un diente de ajo; añadir el cardo y verter un poco de consomé. Hervir 10 minutos. En una sartén aparte, sofreír las almendras con un poco de aceite. Una vez sofritas, añadirlas al cardo.

Empanada de algas

Aunque el uso alimenticio de las algas se ha restringido durante muchos años a Oriente, su consumo se va introduciendo poco a poco en Occidente. Hoy en día, las algas se utilizan en los tratamientos de la celulitis y las dietas de adelgazamiento.

INGREDIENTES (para 6 personas)

- 80 g de algas deshidratadas
- 3 cebollas pequeñas
- 2 dientes de ajo
- ½ pimiento rojo
- 50 g de chorizo cebollero
- ½ vaso de vino blanco
- 750 g de harina
- 2 huevos
- Aceite de oliva

INDICADO PARA

- Anorexia
- Deficiencia de minerales
- Dietas equilibradas
- Problemas cutáneos

PREPARACIÓN

1. Cubrir las algas con agua abundante y dejar en remojo 15 minutos. Cambiar el agua y hervir durante otros 15 minutos.

2. Cortar las cebollas en juliana, los ajos en láminas y el pimiento en tiras. Sofreírlo todo y añadir las algas, el chorizo cebollero y el vino blanco.

3. Amasar 750 g de harina con agua templada. Estirar la masa, reservando una parte, y colocar la otra en una bandeja.

4. Poner el sofrito y el huevo duro. Cubrirlo con el resto de la masa. Pintarla con un huevo batido. Poner al horno a 200 °C durante 25 minutos.

Ensalada atascaburras

Las ensaladas son excelentes primeros platos que se pueden comer en la cantidad deseada, ya que no contienen grasas nocivas y resultan muy ligeras. Los ingredientes que componen esta receta son muy variados y nutritivos, beneficiándose del contenido en fibra que ofrece el pimiento, el poder remineralizador del tomate o los ácidos grasos esenciales (tipo omega 3 y 6) que proporciona el bacalao.

◼ INGREDIENTES (para 2 personas)

- 4 tomates secos
- 5 pimientos secos
- 8 guindillas
- 1 platito de bacalao desmigado
- 1 cabeza de ajos
- 1 cebolleta
- Aceitunas
- Aceite de oliva
- Sal marina

◼ INDICADO PARA

- Colesterol elevado
- Estreñimiento
- Problemas circulatorios

CONSEJOS DE LA ABUELA...

CONSERVAR LOS AJOS

Para que los ajos aguanten tiernos más tiempo, es muy efectivo quemar sus raíces nada más comprarlos.

◼ PREPARACIÓN

1. Poner a hervir agua en una cazuela con un poco de sal marina. Cortar con tijeras los tomates, los pimientos y las guindillas, y dejarlos cocer durante 15 minutos.

2. Sacar y añadir el bacalao, la cabeza de ajos asados, la cebolleta y las aceitunas. Servir aliñado con aceite de oliva.

Ensalada de frutas

La presencia del melón y los melocotones hacen de esta ensalada un plato muy apropiado para la época estival. El melón es un gran diurético y depurativo, el melocotón y el plátano tienen un gran contenido en betacaroteno –sustancia que previene el envejecimiento celular–, y las peras son muy nutritivas y digestivas. El yogur, por su parte, contiene sustancias químicas y microorganismos importantes para conservar la salud de la flora intestinal.

◘ INDICADO PARA

- Deficiencia de vitaminas
- Estreñimiento
- Problemas hepáticos

◘ INGREDIENTES (para 2 personas)

- ½ melón
- 1 plátano
- 1 pera
- 2 melocotones
- 1 yogur natural

◘ PREPARACIÓN

1. Pelar y trocear las frutas.

2. Mezclarlas en un bol con el yogur.

CURIOSIDADES DE LA BOTICA

GANDHI Y EL YOGUR

Mahatma Gandhi dedica en sus escritos sobre alimentación un capítulo entero al yogur, al que considera como un alimento básico para solucionar saludablemente el problema del hambre.

Ensalada mixta

La ensalada mixta, gracias a la gran variedad de ingredientes que la forman, resulta muy nutritiva, y es ideal para acompañar otros platos que pueden ser más «pesados» para el sistema digestivo. Esta ensalada contiene los ácidos grasos esenciales que ofrecen el pescado y el aceite de oliva, los carotenos de la zanahoria (tan útiles para la vista), y la vitamina C del pimiento y el tomate, beneficiándose también del efecto depurativo de la cebolla.

◙ INDICADO PARA

- Deficiencia de proteínas
- Deficiencia de vitaminas A y C
- Dietas ligeras
- Estreñimiento

◙ INGREDIENTES (para 2 personas)

- 1 tomate
- 1 pimiento verde
- ½ lechuga
- 1 cebolla
- 1 zanahoria picada
- 2 huevos duros
- 2 cucharadas de bonito
- Aceite de oliva virgen
- Vinagre

◙ PREPARACIÓN

1. Mezclar en una fuente todos los ingredientes troceados.

2. Aliñar con el aceite de primera presión y el vinagre.

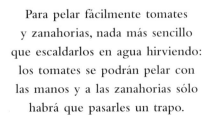

CONSEJOS DE LA ABUELA...

PELAR TOMATES Y ZANAHORIAS

Para pelar fácilmente tomates y zanahorias, nada más sencillo que escaldarlos en agua hirviendo: los tomates se podrán pelar con las manos y a las zanahorias sólo habrá que pasarles un trapo.

LOS ACEITES

Consumir aceites vegetales es muy importante, ya que éstos son una fuente importante de grasas insaturadas, indispensables para nuestro organismo. Cuanto mayor sea su porcentaje, más beneficioso será su consumo para nuestra salud –aunque controlado, pues el aceite contiene muchas calorías–. La mejor manera de consumir un aceite es en crudo, que es como mejor mantiene sus propiedades; conforme lo calentamos, las van perdiendo. Respecto a los aceites de freír, como el aceite de soja, no deben calentarse excesivamente ni echar humo, ya que se hacen tóxicos; también es aconsejable no reutilizar frecuentemente el mismo aceite.

ACEITE DE GIRASOL

Es el aceite extraído de las pipas de girasol. Es ideal para aliñar ensaladas u otros platos. Es un producto anticolesterol por el tipo de grasas insaturadas que contiene y porque es rico en vitamina E. Debe utilizarse en crudo o para frituras, no siendo recomendable su reutilización.

ACEITE DE GERMEN DE TRIGO

Es rico en vitamina A, E y ácidos grasos polisaturados. Además, es muy rico en un precursor de la vitamina D. Otra de sus propiedades es que fija el calcio. Por todo esto, no sólo es excelente para aliñar, sino también para aplicarlo sobre la piel en casos de eccemas, sequedad, caída del cabello o heridas.

ACEITE DE OLIVA

Es el aceite que proviene de las aceitunas. El aceite de primera presión es el mejor para

cocinar. Tiene un color amarillo verdoso, y es un buen laxante tomado en ayunas. También se utiliza como linimento en casos de quemaduras. El consumo regular de este aceite está unido a un incremento de los mecanismos que hacen disminuir el colesterol sanguíneo y por lo tanto a un descenso del riesgo de enfermedades cardiovasculares.

ACEITE DE NUEZ

Es un aceite de un sabor muy agradable, que se debe usar crudo. Es muy rico en vitamina E y en ácidos grasos polisaturados, y es un excelente agente anticolesterol. Desde la antigüedad, se ha utilizado como antiparasitario intestinal y, una vez enranciado, se puede usar como purgante.

ACEITE DE MAÍZ

El aceite de germen de maíz es muy recomendable para aderezar ensaladas y preparar salsa mayonesa. Se utiliza también para preparar margarinas. Es muy rico en vitamina E, por lo que es muy recomendado en enfermedades circulatorias, vasculares y neurológicas, así como para disminuir los niveles altos de colesterol en la sangre.

Escaldado de verduras

Para preparar este plato es muy importante que las verduras no se cuezan en exceso, ya que perderían gran parte de los nutrientes que las hacen tan valiosas. Si se quiere conservar el nivel de carotenos de la remolacha es mejor cocerla entera después de lavarla concienzudamente, y sin cortarle la raíz; una vez cocinada, se puede pelar. Este plato está contraindicado para las personas que tienen un nivel alto de ácido úrico en la sangre.

◨ INDICADO PARA

• Deficiencia de fibra
• Hipercolesterolemia

◨ INGREDIENTES (para 4 personas)

• 1 col blanca
• 1 coliflor
• 1 lechuga
• 2 zanahorias
• 1 remolacha
• 1 puñadito de sésamo
• 1 puñado de algas guacame
• Aceite de oliva
• Sal marina

◨ PREPARACIÓN

1. Trocear las verduras y escaldarlas del siguiente modo: coliflor y remolacha, 5 minutos; col blanca, 3; zanahoria, $1/2$; lechuga, meter y sacar.

2. En una sartén aparte tostar sin aceite las algas troceadas. Retirar al cabo de unos minutos cuando estén tostadas.

3. Tostar el sésamo y mezclarlo con las algas en proporción de 7 partes de sésamo por 1 de algas.

4. Aliñar el escaldado de verduras con el gomacio de algas, sal y aceite de oliva.

Flan de berenjenas

Esta receta ofrece una idea muy original para cocinar las berenjenas y gozar de sus virtudes diuréticas y laxantes, con todo su sabor.

◘ INDICADO PARA

- Dietas de adelgazamiento
- Estreñimiento

◘ INGREDIENTES (para 4 personas)

- 3 berenjenas grandes
- 2 ajos tiernos
- $^2/_3$ de vaso de tomate frito
- 2 huevos
- $^1/_2$ vaso de leche
- 1 cucharadita de mantequilla
- 3 cucharadas de aceite de oliva
- Albahaca
- Sal

◘ PREPARACIÓN

1. Pelar las berenjenas, de manera que la piel quede en tiras anchas uniformes y con poca carne adherida. Poner las pieles a hervir durante $^1/_2$ minuto. Escurrir y saltearlas en una sartén y reservarlas.

2. Triturar los ajos tiernos y rehogar en una sartén con el aceite. Agregar las berenjenas peladas, partidas a trocitos y sazonadas. Proseguir la cocción hasta que los ajos y las berenjenas estén tiernos.

3. Retirar del fuego y pasar por la batidora. Añadir un puñado de albahaca picada y agregar los huevos batidos y la leche. Aparte, untar con mantequilla un molde y forrarlo con las pieles de las berenjenas, de forma que éstas sobresalgan unos centímetros del borde.

4. Verter el compuesto de berenjena en el molde y cubrirlo con las pieles que sobresalen. Ponerlo al baño maría y hornearlo a 230 °C durante $^1/_2$ hora. Acompañar con salsa de tomate una vez sacado del molde.

Hortalizas con salsa de sésamo

Las semillas de sésamo son una fuente espléndida de calcio y ácidos grasos esenciales que poseen una gran riqueza en lecitina, por lo que son un complemento dietético ideal en épocas de desgaste físico y psicológico; también contienen proteínas, sales minerales y oligoelementos tan importantes como el cromo y el cobre. El aceite de sésamo, por su parte, tiene un sabor muy apreciado y su contenido en grasas esenciales lo convierten en un alimento de gran calidad.

INGREDIENTES (para 2 personas)

- 1 manojo de hortalizas (col, nabo, zanahoria, hojas de mostaza, etc.)
- 3 cucharadas de semillas de sésamo
- 1 cucharada de aceite de sésamo (opcional)
- 1 cucharada de miso (opcional)
- 1 cucharadita de zumo de limón
- ½ cucharada de miel
- Sal

INDICADO PARA

- Desgaste físico y psicológico
- Diabetes
- Dietas ligeras

CURIOSIDADES DE LA BOTICA

LAS HORTALIZAS

Las hortalizas sacian con facilidad sin aportar una gran cantidad de kilocalorías, por ello son un elemento indispensable en las dietas que combaten la obesidad. Si se complementan con otros alimentos ricos en grasas y proteínas, también están muy indicadas para los diabéticos.

PREPARACIÓN

1. Lavar las hortalizas y quitar los tallos gruesos e introducirlas en una olla de agua hirviendo durante 7 minutos. Sacarlas del agua y guardar el caldo resultante.

2. Tostar las semillas de sésamo a fuego medio en una cazuela o sartén seca. Remover hasta que desprendan su aroma o empiecen a explotar (unos 2 minutos).

3. Machacar las semillas en un mortero, añadir el miso, la miel, el zumo de limón, la sal y el aceite (opcional) y verterlo todo en la cazuela.

Lasaña vegetal con setas y requesón

Esta lasaña vegetal –que puede formar parte de cualquier dieta equilibrada– se basa en dos nutritivos ingredientes: el queso, que es una fuente básica de calcio, vitaminas A y D y proteínas, y los champiñones, que son muy ricos en minerales y fibra.

◼ INDICADO PARA

- Deficiencia de calcio
- Deficiencia de vitaminas A y D
- Dietas equilibradas
- Dietas pobres en grasas
- Dietas ricas en proteínas
- Problemas óseos

◼ INGREDIENTES (para 4 personas)

- 250 g de lasaña fresca
- 500 g de champiñones
- 200 g de requesón
- 70 g de parmesano
- ¼ de litro de leche
- Sal
- 2 dientes de ajo
- Perejil
- 2 cucharadas de aceite de oliva

◼ PREPARACIÓN

1. Lavar los champiñones y cortarlos a láminas. En una sartén dorar los ajos y añadir los champiñones. Dejar cocer durante 10 minutos.

2. Meter en una sopera el requesón, el parmesano, la leche, el perejil triturado y mezclar hasta obtener una crema homogénea. Añadir los champiñones, salar y mezclar bien.

3. Recubrir el fondo de una cazuela con la salsa, añadir una capa de pasta y cubrir de salsa. Repetir la operación hasta acabar los ingredientes. Al final, espolvorear de parmesano. Hornear 15 minutos a 180-200 °C.

CURIOSIDADES DE LA BOTICA

LAS SETAS

Las setas aportan una gran cantidad de ácido pantoténico, hierro, niacina, potasio y contienen muy pocas calorías. Se ha descubierto que algunas variedades orientales, como los champiñones chinos, son unas eficientes sustancias antivirales y contribuyen a la prevención del cáncer.

Macarrones con lentejas

Esta receta puede sorprender por la mezcla de dos ingredientes que suelen formar parte de platos separados. No obstante, su combinación resulta muy nutritiva y de gran digestibilidad para el organismo, dado su bajo contenido en grasas y la presencia importante de fibra. Así, a la vez que se evitan dolencias como el estreñimiento o niveles altos de colesterol, se aporta fósforo al organismo.

◘ INGREDIENTES (para 4 personas)

- 200 g de lentejas secas
- 100 g de macarrones
- 1 cebolla
- 4 tomates maduros
- 1 tallo de apio
- 1 diente de ajo
- 3 cucharadas de aceite de oliva
- Laurel
- Sal
- Pimienta

◘ INDICADO PARA

- Dietas de adelgazamiento (como plato único)
- Dietas ricas en fibra
- Dietas sin colesterol
- Estreñimiento

◘ PREPARACIÓN

1. Dejar las lentejas en remojo en agua fría la víspera de preparar la receta. Escurrir y poner en una cacerola con el agua justa para cubrirlas.

2. Agregar la cebolla, cortada a rodajas, el ajo, el laurel y el apio, previamente limpio y troceado. Cocer a fuego lento durante 1 hora.

3. Lavar los tomates, escaldarlos, pelarlos y trocearlos tras quitar las semillas. Añadir a las lentejas 15 minutos antes de terminar la cocción.

4. Unos 5 minutos después de añadir los tomates agregar los macarrones. Retirar del fuego, salpimentar, verter el aceite y servir caliente.

EL VINAGRE

El vinagre es el líquido obtenido de la fermentación acética del vino, aunque actualmente se obtiene también de diversos alcoholes mezclados con agua. Puede utilizarse solo o aromatizado con diferentes hierbas (estragón, basilisco, etc.). Se emplea generalmente como condimento o formando parte de salsas y aderezos. Su contenido energético es mínimo y, básicamente, sólo aporta pequeñísimas dosis de minerales (azufre, fósforo, magnesio, potasio y calcio).

TIPOS DE VINAGRE

- **Vinagre de vino:** se obtiene a partir del vino puro de uva y es el que tiene un sabor más apreciado.
- **Vinagre de aguardiente:** se obtiene a partir de la fermentación de alcoholes diluidos.
- **Vinagre de hierbas:** es un vinagre al que se añaden hierbas o extractos de hierbas. Un ejemplo es el conocido vinagre al estragón.
- **Vinagre de frutas:** se obtiene de la fermentación acética de los zumos de diversas frutas. El vinagre de manzana es uno de los más populares.
- **Esencia de vinagre:** en realidad es ácido acético diluido. Puede mezclarse con agua por lo que es un condimento francamente económico.

VINAGRE CASERO

Los amantes de lo natural pueden hacerse un vinagre casero fácilmente, que siempre será mejor que muchos vinagres industriales elaborados con ingredientes de poca calidad. Para ello, se vierten los restos turbios de vino o sidra en una botella de cuerpo ancho y cuello estrecho. Se cubre la botella con un paño de lino y se deja al sol o junto a un radiador a no más de 24 °C. Al cabo de un tiempo se irá formando una capa superficial que es la madre del vinagre. Después de 5 o 6 semanas debe comprobarse si el vinagre es suficientemente ácido y, si es así, colarse a través de una paño limpio; en este momento ya se puede embotellar. Para volver a obtener vinagre sólo se tiene que añadir vino a la primera botella, utilizando la parte más clara del vinagre madre.

RECOMENDACIONES

El vinagre es un condimento especialmente indicado en casos de dietas ligeras, dietas pobres en grasas, dietas sin colesterol y, en general, puede incluirse en cualquier tipo de dieta equilibrada. Sin embargo, está contraindicado en caso de úlceras gástricas, gastritis, estreñimiento, problemas intestinales, etc. En cualquier caso siempre es recomendable utilizarlo en dosis moderadas.

Nido de delicias de la naturaleza

Este refrescante plato de curioso nombre –ideal para el verano– supone una combinación perfecta de productos naturales, que dan un toque de sabor al paladar y que otorgan salud al organismo. Los rabanitos y la remolacha ofrecen ácido fólico y vitamina C, y refuerzan el aporte de calcio –elemento imprescindible para el buen funcionamiento de los huesos y el bienestar general– que suponen el queso y las semillas de sésamo.

CONSEJOS DE LA ABUELA...

ADVERTENCIA

La remolacha contiene oxalatos y ácido úrico, por lo que no es apropiada para personas con cálculos renales y niveles altos de ácido úrico en la sangre. Si no se sufre de estos males, la remolacha es muy recomendable, ya que aporta al organismo una gran cantidad de ácido fólico y hierro.

EL MELÓN AMARILLO

El melón amarillo, que tiene grandes virtudes depurativas, posee propiedades anticancerígenas y constituye un efectivo laxante, es mejor no tomarlo como postre, sino como parte de un primer plato como éste.

EL SÉSAMO

Las semillas de sésamo, muy ricas en proteínas, grasas insaturadas y minerales –sobre todo calcio– ganan en sabor si se tuestan.

INGREDIENTES (para 4 personas)

- Melón amarillo
- Remolacha
- Queso de cabra
- Hojas de rodicio
- Sésamo
- Rabanitos

PREPARACIÓN

1. Cortar todos los ingredientes.
2. Mezclar como en una ensalada.

INDICADO PARA

- Deficiencia de calcio
- Dietas depurativas y desintoxicantes
- Reforzar las defensas

Paella vegetariana

El aporte de nutrientes del arroz queda reforzado si se mezcla con verduras. Aquí se utiliza arroz integral, que precisa mayor tiempo de cocción pero que posee un valor nutritivo mayor que el del arroz blanco.

◙ INDICADO PARA

- Deficiencia de vitaminas del grupo B
- Dietas ricas en féculas
- Estreñimiento
- Hipercolesterolemia

◙ INGREDIENTES (para 4 personas)

- 1 tazón y ½ de arroz integral
- 100 g de champiñones
- 2 pimientos pequeños de color diferente
- 100 g de guisantes
- 100 g de judías verdes
- 100 g de habas tiernas
- 4 o 5 corazones de alcachofas
- 5 o 6 ramilletes de coliflor
- ¼ de kg de tomates
- 2 dientes de ajo
- Sal y aceite de oliva

◙ PREPARACIÓN

1. Cocer el arroz en 2 tazas de agua en una olla a presión durante 15 minutos.

2. Dorar en una paella los pimientos troceados, los champiñones cortados a láminas, los guisantes, las judías, las alcachofas, los ajos, las habas y la coliflor, hasta que tomen color. Salar y añadir los tomates cortados en cuartos.

3. Repartir en la paella el arroz cocido, sin remover. Luego, verter el caldo y cocer durante 20 minutos a fuego lento hasta que el arroz absorba todo el líquido.

CURIOSIDADES DE LA BOTICA

EL ORIGEN DE LA PAELLA

Aunque existen tantas maneras de preparar una paella como cocineros, su origen es típicamente rural: fue el campesino de la huerta valenciana quien mezcló con el arroz los productos de la tierra: alcachofas, judías, pimientos, tomates, habas, guisantes, etc.

Pastel de crepes integrales

Con las crepes se puede utilizar cualquier tipo de alimento como relleno, ya sea salado o dulce. En esta receta los rellenos se basan en el hinojo, las espinacas y los tomates.

◙ INGREDIENTES (para 4 personas)

- 8 crepes
- ½ cucharadita de grano de anís
- 1 cucharada de puré de tomate
- 450 g de hinojo
- 50 g de mantequilla
- 50 g de parmesano rallado
- 450 g de espinacas frescas
- ½ cucharadita de nuez moscada rallada
- 1 cebolla troceada
- 1 diente de ajo machacado
- 450 g de tomates pelados y cortados
- Apio
- Aceite
- Sal y pimienta

◙ INDICADO PARA

- Deficiencia de potasio
- Dietas ricas en fibra
- Dietas ricas en calcio
- Estreñimiento

◙ PREPARACIÓN

1. Hervir el hinojo cortado fino durante 10 minutos y escurrir. Cocerlo en una paella con la mantequilla derretida, y mezclarlo con parmesano, sal y pimienta, durante 10 minutos más.

2. Cocer las espinacas al vapor, cortarlas muy finas y condimentar con nuez moscada y pimienta. Rehogar la cebolla y el ajo en aceite. Añadir los tomates, el apio, el anís y el puré de tomate y cocer durante 10-15 minutos a fuego moderado, hasta que la salsa se espese.

3. Confeccionar el pastel en un molde elástico de unos 18 cm, untado con aceite, intercalando los diferentes rellenos (hinojo, espinacas y tomate) entre las crepes. Cocer durante 10-15 minutos en un horno a 180 ºC. Dar la vuelta al pastel y servir con salsa de tomate mezclada con parmesano rallado.

CONSEJOS DE LA ABUELA...

PARA HACER LAS CREPES

La pasta de crepes puede hacerse mezclando 300 g de harina integral, 3 huevos, una pizca de sal, 2 cucharadas de aceite y 1 cucharada de concentrado de manzana. Se deja reposar durante 3 horas y, pasado este tiempo, la pasta estará lista para hacer crepes: bastará coger una cucharada de la masa y extenderla sobre una sartén caliente, untada con aceite o mantequilla.

Paté de puerros y perejil

La principal característica que aporta el puerro a todos los platos en los que interviene es su condición de laxante, sedante, depurativo y favorecedor de la digestión, siendo también una verdura rica en hierro y vitamina E. El perejil, por su parte, no es únicamente una hortaliza para dar un toque de sabor; en cantidades importantes también es un excelente diurético. Este paté, por tanto, es ideal para paliar problemas de retención de líquidos. Además, gracias a la presencia del queso, el aporte de calcio queda asegurado.

⬛ INGREDIENTES (para 4 personas)

- 675 g de puerros
- 4 cucharadas de mantequilla
- 1 puñado generoso de perejil
- ½ taza de queso gruyere rallado
- ½ taza de queso parmesano rallado
- 300 g de quark o puré de requesón
- 2 huevos

⬛ INDICADO PARA

- Deficiencia de calcio
- Dietas diuréticas

⬛ PREPARACIÓN

1. Cocer en la mantequilla los puerros (cortados finos) hasta que se ablanden.

2. Dejar enfriar y batir con el resto de los ingredientes.

3. Untar un molde de pan o una terrina de 450 g, añadir los ingredientes y cocer.

4. Extraer el paté del molde y espolvorear con el perejil.

LA SAL

La sal es un producto cristalino constituido por cloruro de sodio que se obtiene de las minas de sal gema o de las salinas. En la antigüedad se consideraba un elemento imprescindible e incluso servía como moneda de intercambio, pero actualmente los expertos en nutrición consideran que se consume en exceso. La sal se necesita en pequeñas cantidades, que en la mayoría de casos quedan cubiertas por la sal contenida en los alimentos.

La sal tiene un valor nutritivo prácticamente nulo. No aporta ningún tipo de nutriente excepto el cloro y el sodio. Tampoco conlleva energía y, por lo tanto, no puede aumentar los depósitos grasos del cuerpo. Lo que sí puede hacer un exceso de sal es aumentar la cantidad de líquido del organismo y hacer subir la balanza.

ALIMENTOS RICOS EN SAL

La sal está presente en múltiples alimentos que contienen dosis abundantes de sal como conservante. Estos alimentos deben tomarse en cantidades mínimas o suprimirse si se sigue una dieta pobre en sal:

- Cubitos de sopa, precocinados, sopas de sobre, purés instantáneos.
- Salsas, condimentos preparados, ketchups.
- Embutidos, jamón, fiambres, carnes curadas.
- Salazones, conservas diversas, marisco, crustáceos.
- Productos de aperitivo, frutos secos salados, patatas fritas, aceitunas.
- Quesos salados.
- Aguas con gas.
- Zumos de verduras envasados.
- Mantequilla salada.

TIPOS DE SAL

Hay múltiples tipos de sal: sal gema, sal marina, sal refinada, sal de salazón, sal de mesa, sal gruesa, sal fluorada, sal yodada... Esta última merece una mención aparte ya que es un buen recurso contra el déficit de yodo. Recordemos que el yodo se obtiene básicamente del pescado y algunos vegetales y que una cantidad diaria es imprescindible para el buen funcionamiento del tiroides. Pues bien, en las zonas en que el consumo de pescado es escaso, la sal yodada ha sido un eficaz arma contra el bocio endémico,

que es una enfermedad del tiroides causada por el déficit de yodo.

RECOMENDACIONES

Una cantidad de sal moderada es inofensiva para cualquier persona sana; incluso es conveniente para personas que realizan una gran actividad física o que estén sometidas a temperaturas elevadas. Ahora bien, la sal está contraindicada en casos de hipertensión, problemas cardiovasculares, algunas enfermedades renales o hepáticas, etc.

Pizza de verduras

La pizza es un alimento muy nutritivo y completo y, siguiendo esta receta, resulta un plato único aconsejable por su aporte en vitaminas y minerales. Las acelgas son ricas en calcio y el tomate en potasio y vitaminas A y C.

◼ INGREDIENTES (para 4 personas)

- 1 masa de pizza
- ½ kg de acelgas
- ½ kg de cebollas
- 1 calabacín
- 2 tomates
- 2 cucharadas de algas iziki
- 2 pimientos rojos
- Mantequilla
- Orégano
- Queso rallado al gusto

◼ INDICADO PARA

- Deficiencia de minerales
- Deficiencia de vitaminas A y C
- Dietas ricas en fibra
- Estreñimiento

◼ PREPARACIÓN

1. Dejar las algas en remojo 20 minutos y hervir con la misma agua durante 20 minutos más. Cortarlas en trocitos pequeños y reservar.

2. Hacer un sofrito de tomate, cebolla y pimiento rojo. Poner las acelgas, el resto de las cebollas y el calabacín cortado a trozos pequeños en una cazuela a fuego lento 20 minutos.

3. Colocar sobre la masa el sofrito, las algas y las acelgas. Espolvorear con orégano y queso rallado. Poner en una cazuela untada con mantequilla y cocer a fuego lento durante 20 minutos.

CURIOSIDADES DE LA BOTICA

ORIGEN DE LA PIZZA

Originaria de Nápoles, la pizza se extendió a partir del siglo XX por toda Italia, y más tarde por todo el mundo. En 1889, Raffaele Esposito preparó en honor de la reina de Italia la pizza *Margarita*, elaborada con tomate, mozzarella, orégano y queso pecorino rallado.

Sopa afrodisíaca de setas y menta

Esta sopa contiene ingredientes realmente estimulantes –como son la menta, los champiñones y el jengibre– que bien seguro despertarán todos los sentidos. Las cualidades de la menta ya eran conocidas en la antigua Grecia, donde se preparaba una infusión de esta planta para aumentar el deseo amoroso. La leyenda nos cuenta que, Plutón, dueño de los infiernos, amaba a una ninfa llamada Menthe. Perséfone, esposa de Plutón y diosa de la fertilidad de los suelos, llevada por los celos, desencadenó su terrible cólera, y transformó a la bella Menthe en una planta.

INGREDIENTES (para 2 personas)

- ½ l de agua
- 250 g de champiñones
- 2 cucharadas de aceite de oliva de primera presión en frío
- Raíz fresca de jengibre: 50 g si es fresca o 20 g si es seca
- Menta piperita: 40 g si es fresca o 20 g si es seca
- Sal

INDICADO PARA

- Inapetencia sexual

PREPARACIÓN

1. Hacer una infusión con la menta en la mitad del agua. Dejar reposar 15 minutos.

2. Cocer los champiñones y el jengibre, pelado y cortado a láminas, durante 15 minutos en el resto del agua. Añadir aceite y sal al gusto los últimos 5 minutos.

3. Filtrar la infusión de menta.

4. Añadir la infusión de menta a la sopa de champiñones y jengibre.

Sopa de guisantes aromatizada con albahaca y tomillo

La albahaca tiene un sabor aromático y un olor muy intenso, y es muy recomendable como tónico estomacal. El tomillo acentúa el poder de la albahaca, y aporta aroma y sabor a esta sopa. Los guisantes son muy nutritivos, ya que contienen vitaminas, hierro y fósforo, por lo que tienen un gran efecto reconstituyente. La cebada es un cereal muy rico en fósforo –importante para el sistema nervioso–, y contiene flúor, ideal para mantener la salud de huesos y dientes.

◼ INDICADO PARA

- Diabetes
- Dietas equilibradas
- Dolencias de estómago
- Falta de energía

CURIOSIDADES DE LA BOTICA

LOS GUISANTES

Los guisantes son una legumbre originaria de Extremo Oriente, desde donde se extendió hacia el sur de Europa. Se pueden comer frescos, crudos y también secos, después de estar una noche en remojo. Es la legumbre con mayor aporte de vitamina A.

◼ INGREDIENTES (para 1 persona)

- ½ vaso de guisantes secos
- 1 tacita pequeña de cebada o mijo
- 1 patata pequeña
- 1 cebolla pequeña
- 1 zanahoria
- 2 vasos de agua
- 1 pizca de albahaca
- 1 pizca de tomillo

◼ PREPARACIÓN

1. Cortar la patata a tacos, picar la cebolla, cortar la zanahoria en rodajas, y cocer todos los ingredientes durante 1 hora a fuego lento.

2. Añadir la albahaca y el tomillo en los últimos 5 minutos de cocción.

REFRANES Y CITAS

«Si quieres comer pésoles al segar, en abril los has de sembrar.»

Soufflé de calabacín

La característica más destacable del calabacín es su gran poder digestivo. Su uso continuado es muy recomendable para desintoxicar el organismo y proteger la salud intestinal, actuando al mismo tiempo como sedante. Los huevos son un alimento nutritivo y completo que ofrece proteínas de gran calidad, así como minerales, especialmente hierro, y vitamina A.

INGREDIENTES (para 4 personas)

- ⅓ de litro de leche
- 1 cebolla
- 1 hoja de laurel
- 350 g de calabacines
- 25 g de harina integral
- 3 o 4 huevos
- 40 g de mantequilla
- 50 g de queso cheddar rallado
- Aceite
- Sal y pimienta

INDICADO PARA

- Deficiencia de proteínas
- Deficiencia de vitamina A
- Estómagos delicados

PREPARACIÓN

1. Calentar la mantequilla, mezclándola bien con la harina y cocinar a fuego lento durante 2 minutos. Aparte, calentar la leche con la cebolla y la hoja de laurel sin que llegue a hervir; retirar del fuego y dejarla reposar durante 20 minutos. Cortar a rodajas los calabacines y cocerlos al vapor durante 4 o 5 minutos.

2. Colar la leche sobre la harina y dejar hervir sin remover. Dejar a fuego lento durante 2 o 3 minutos. Sacar del fuego y añadir las yemas de los huevos de una a una.

3. Mezclar los calabacines con la salsa, añadir el queso cheddar, las claras batidas a punto de nieve y condimentar. Poner toda la mezcla en un soufflé de 1 a 1,5 l untado en aceite y hornear a 200 °C durante 23 minutos. Si el centro no queda suficientemente consistente, hornear 5 minutos más.

EL PAN BIOLÓGICO INTEGRAL

El pan biológico no lleva ningún producto de laboratorio, ni en el cultivo del grano ni en su propia elaboración. Este tipo de pan puede hacerse fácilmente en casa, empleando para ello harinas integrales de cultivo biológico. Se deben comprar harinas de fuerza, es decir, ricas en gluten. La siguiente receta describe cómo se hacía el pan antiguamente.

INGREDIENTES

- 1 kg de harina sin refinar
- 10 g de sal marina
- 250 g de levadura madre
- $1/4$ de litro de agua

CÓMO HACER PAN DE HIGO

El pan de higo está recomendado para deportistas y personas que realizan grandes esfuerzos. Debe tenerse en cuenta que el higo fresco es laxante y el seco astringente. No está indicado para los diabéticos, dado su alto contenido en sacarosa y fructosa.

1. Hervir medio vaso de agua y poner una cucharadita de semillas de hinojo. Dejar hervir 2 minutos, sacar y dejar enfriar.
2. Triturar los higos secos y las almendras (en una relación de 8 a 2). Mezclar con la cáscara de un limón rallado, y añadir un poco de canela.
3. Amasar con la decocción de semillas de hinojo y poner en un molde.

PREPARACIÓN

1. Amasar bien, mezclando la harina sin refinar, la sal marina y la levadura madre.

2. Añadir agua poco a poco, y cuando la masa esté elástica, dejar reposar —cubierta con un trapo húmedo— a 24 °C durante 4-5 horas. Luego, hornear a 200 °C entre 30 y 45 minutos.

●SEGUNDOS PLATOS●

Bacalao fresco mediterráneo

El bacalao, que aporta proteínas de calidad al organismo, es también un pescado rico en cinc y cobre. También tiene un alto contenido en yodo, que es esencial para garantizar el buen funcionamiento de las glándulas tiroides.

⬛ INGREDIENTES (para 4 personas)

- 4 filetes de bacalao fresco (de unos 120 g)
- 1 calabacín grande o 2 pequeños
- 1 cebolla
- 4 tomates maduros
- 1 limón
- 1 cucharada de alcaparras
- 4 cucharadas de aceite de oliva
- 1 vaso de agua
- Sal
- Pimienta blanca

⬛ INDICADO PARA

- Carencia de yodo
- Dietas de adelgazamiento
- Dietas ricas en proteínas
- Hipercolesterolemia

⬛ PREPARACIÓN

1. Lavar y cortar a rodajas finas el calabacín y la cebolla. Escaldar, pelar y triturar 2 tomates.

2. En una cazuela con 2 cucharadas de aceite, distribuir en el fondo los tres ingredientes anteriores y colocar encima los otros tomates cortados a rodajas finas. Verter el resto del aceite, un vaso de agua, sal y pimienta, y cocer a fuego moderado durante 15 minutos.

3. Disponer el bacalao y las alcaparras sobre las verduras. Sazonar, rociar con un chorrito de limón y cocer durante 8 minutos.

Bocaditos de pavo

El pavo forma parte del grupo de las carnes blancas, que son las más recomendables por su bajo contenido en grasas saturadas, nocivas para el organismo, siendo la pechuga la parte que tiene menos grasas y una mayor riqueza en proteínas.

◙ INDICADO PARA

- Deficiencia de proteínas
- Dietas de adelgazamiento
- Dietas equilibradas
- Dietas pobres en grasas

◙ INGREDIENTES (para 4 personas)

- ½ kg de pechugas de pavo
- 1 pimiento rojo
- 1 pimiento amarillo (o verde)
- 1 cebolla
- ½ vaso de jerez seco
- Perejil
- 5 cucharadas de aceite de oliva
- Sal

◙ PREPARACIÓN

1. Partir los pimientos por la mitad, quitar las semillas, lavarlos y cortarlos a rombos. Partir las pechugas de pavo a trocitos pequeños, y dejarlas marinar con el jerez durante 30 minutos, removiendo de vez en cuando.

2. Pelar y triturar la cebolla, y saltear sin que llegue a dorarse. A continuación, agregar los pimientos y rehogar durante unos minutos.

3. Añadir los trozos de pavo escurridos y dorarlos sin dejar de remover. Sazonar, continuar la cocción durante 10-12 minutos, a fuego moderado y tapado. Espolvorear con el perejil picado.

Bocaditos de pescado y verdura

Esta receta es una buena combinación de diferentes tipos de pescado, cuya característica común es su alto contenido en yodo. Este mineral es muy importante para el sistema endocrino, y su presencia es vital para el buen funcionamiento del metabolismo.

INDICADO PARA

- Deficiencia de fósforo y yodo
- Dietas ligeras
- Dietas ricas en fibra
- Estreñimiento

INGREDIENTES (para 4 personas)

- 1 filete de lenguado de 200 g
- 1 filete de bacalao fresco de 200 g
- 1 filete de rodaballo de 200 g
- 200 g de gambitas peladas
- 100 g de judías verdes
- 1 zanahoria
- 1 calabacín
- ½ tallo de apio
- ½ vaso de vino blanco seco
- 6 cucharadas de aceite
- 1 diente de ajo
- 1 cebolleta
- Perejil
- Hierbas provenzales
- 2 cucharadas de vinagre aromático
- Sal

PREPARACIÓN

1. Rascar la zanahoria y lavar junto con el calabacín, el apio y las judías. Cortarlo todo a trocitos por separado (también el pescado) y reservar.

2. En una olla con agua hirviendo cocer la zanahoria, las judías y el apio durante 4 minutos y el calabacín durante 2.

3. En una cazuela con una cucharada de aceite, poner el ajo chafado, las verduras y el pescado. Verter el vino, rociar con aceite, salar, cubrir con un papel vegetal y hornear a 180 °C 8 minutos.

4. Para la salsa, batir una pizca de cada una de las hierbas provenzales trituradas con el aceite restante, el vinagre y sal al gusto.

Budín de salmón y merluza

Esta receta añade a la suavidad del pescado un toque de sabor muy especial gracias a los pistachos, que además son muy ricos en minerales. Con 100 g de estos frutos secos se obtienen buena parte de los minerales que el organismo precisa para conservar la salud de los huesos y de las células nerviosas. El pescado refuerza su contenido en minerales, y el salmón, además, contiene una dosis importante de vitaminas A y B_3, ideales para el cuidado de la piel y los tejidos.

▣ INGREDIENTES (para 4 personas)

- 250 g de salmón fresco
- 250 g de merluza o pescadilla
- 2 claras de huevo
- ½ vaso de nata líquida light
- 1 trufa negra
- 1 cucharada de pistachos
- Mantequilla
- Sal y pimienta

▣ INDICADO PARA

- Deficiencia de minerales
- Deficiencia de vitamina A y B_3
- Dietas ricas en proteínas

▣ PREPARACIÓN

1. Cortar y pasar los pescados por la batidora por separado, cada uno con una clara de huevo, sal y pimienta. Agregar a cada uno trufa troceada y pistachos pelados y picados.

2. Dejar las dos preparaciones en el frigorífico 1 hora. Añadirles nata a cada una de ellas.

3. Untar un molde con mantequilla y colocar una capa de la preparación del salmón, una encima de merluza, y así alternativamente hasta llenar el molde. Poner a cocer al baño maría en el horno a 180 °C, durante 40 minutos.

REFRANES Y CITAS

«De lo terrestre, el jamón; de lo del mar, el salmón.»

Buñuelos de germinados de judías

Los germinados son un alimento muy completo, ya que conservan todos los nutrientes esenciales de la semilla, sin ningún tipo de alteración, y tienen una menor proporción de los elementos contaminantes que pueden afectar a la planta. Tampoco precisan cocción, por lo que los nutrientes se mantienen mejor durante su preparación. Además, las semillas germinadas son muy digestivas, mejoran la salud de la flora intestinal y contienen vitaminas y minerales.

INDICADO PARA

- Deficiencia de minerales
- Deficiencia de vitaminas A y B_2
- Dietas pobres en grasas
- Dietas ricas en proteínas
- Estreñimiento

INGREDIENTES (para 4 personas)

- 1 taza de brotes de judías germinadas
- 1 taza de miga de pan integral
- 1 cebolla grande
- 1 cucharada de aceite de semillas
- ½ cucharadita de hierbas aromáticas, al gusto
- Salsa de soja (tamaril)
- Condimentos al gusto

PREPARACIÓN

1. Picar la cebolla bien fina.

2. Mezclar todos los ingredientes, usando bastante salsa de soja para que quede una masa compacta.

3. Dar forma a los buñuelos y freír en aceite.

CONSEJOS DE LA ABUELA...

PARA CONSERVAR LOS GERMINADOS

Los germinados se pueden conservar en la nevera hasta cuatro días si los guardamos en botes herméticos con un papel de cocina en el fondo, el cual absorberá la humedad.

LOS TIPOS DE COCCIÓN MÁS SALUDABLES

Cocer los alimentos tiene múltiples ventajas: aumenta su digestibilidad, mejora el sabor e incluso impide un sinfín de problemas toxicológicos. El problema es que la cocción, sea del tipo que sea, también altera y disminuye inevitablemente el valor nutritivo de los alimentos. Desde el simple hervido hasta el sofisticado microondas, todos producen más o menos cambios y pérdidas en el contenido nutritivo del alimento en cuestión. Puesto que la cocción de los alimentos es algo diario e inevitable, es importante conocer cuáles son los métodos de cocción más saludables.

EL HERVIDO

Éste es uno de los métodos de cocción más sanos que existen. Además sirve para todo tipo de alimentos, no implica una adición de grasas y hace que los alimentos sean altamente digestivos. Es necesario hervir los alimentos en la mínima cantidad de agua y durante el menor tiempo posible, evitando el burbujeo prolongado, pues la pérdida nutritiva es mayor.

LA COCCIÓN AL VAPOR

Es incluso más sana que el simple hervido y produce una menor pérdida de nutrientes. El único inconveniente es que requiere una dosis de tiempo mucho mayor. Los alimentos deben tener poco grosor, y deben colocarse correctamente dentro de la cestita de la olla a vapor, sin acumulaciones.

LA PLANCHA Y EL GRILL

Aunque no es un método de cocción, es una técnica alimentaria muy utilizada. Da un agradable sabor a los alimentos y puede utilizarse no sólo para carnes y pescados sino para verduras, hortalizas e incluso huevos. No es necesario añadir grasas y es una técnica bastante rápida. El alimento debe ponerse en la plancha cuando ésta esté muy caliente; en caso de utilizar grasa o aceite debe usarse una mínima cantidad. No hay que dejar que se quemen los alimentos (la parte quemada es altamente tóxica y cancerígena).

LA COCCIÓN AL HORNO

Permite la cocción de alimentos de gran grosor y las pérdidas vitamínicas son menores. Puede añadirse agua, grasa o diversos condimentos pero también se puede cocer sin ellos. Debe elegirse correctamente la temperatura y evitar cocciones demasiado rápidas que dejan la superficie del alimento quemado y el interior crudo. A más grosor, menos temperatura y más tiempo de cocción.

Conejo con salsa de chocolate

La carne de conejo, como sucede con la carne de ave, tiene una baja cantidad de grasas, siendo muy rica en minerales, especialmente hierro y fósforo.

INDICADO PARA

- Anemia
- Deficiencia de hierro
- Dietas ricas en fibra
- Dietas ricas en proteínas

INGREDIENTES (para 4 personas)

- 1 conejo troceado (1,2 kg)
- 2 naranjas
- 3 peras
- 1 limón
- 30 g de chocolate fondant
- 30 g de almendras peladas
- ½ vaso de vino blanco seco
- 4 cucharadas de aceite
- 1 diente de ajo
- Salvia, laurel y romero
- Canela en polvo
- Nuez moscada
- 3 clavos de especia

PREPARACIÓN

1. Picar el ajo y dorarlo ligeramente en una cazuela con el aceite caliente. Añadir una hoja de salvia, una de laurel y una pizca de romero. Remover regularmente.

2. Agregar los trozos de conejo, dorándolos por ambos lados. Verter el vino blanco, una pizca de canela, los clavos y la nuez moscada. Dejar la cazuela a fuego vivo hasta que se evapore el líquido, removiendo de vez en cuando. Poner la cazuela al horno a 180 °C durante 30 minutos. A los 15 minutos añadir el zumo de una naranja.

3. Pelar las peras. Partir una a láminas y batir las otras dos con la batidora eléctrica. Poner la crema resultante en una salsera con un chorrito de zumo de limón para que no se ennegrezca. Colocar el conejo en una fuente junto a los trozos de pera.

4. Poner en la cazuela, con el jugo del asado, los trozos de chocolate, el zumo de la otra naranja y las almendras troceadas. Remover, y cuando el chocolate se haya derretido, verterlo sobre el conejo. Servir inmediatamente.

Dentón con salsa de calabacín

Este plato basado en los filetes de dentón –pescado muy rico en yodo– se beneficia de la cocción al vapor –que es una de las más sanas que existen, conservando mejor el valor nutritivo de los alimentos– y de las virtudes terapéuticas del calabacín, hortaliza con propiedades depurativas, diuréticas e incluso sedantes. Además, el calabacín contiene vitaminas A, B y C, y entre sus minerales destacan el cinc, el cobre, el hierro y el potasio.

▣ INGREDIENTES (para 4 personas)

- 4 filetes de dentón (500 g en total)
- 3 calabacines
- 2 cebolletas
- Perejil
- 4 cucharadas de nata líquida
- 2 cucharadas de aceite de oliva
- Sal

▣ INDICADO PARA

- Deficiencia de minerales
- Deficiencia de vitaminas A, B y C
- Dietas ligeras
- Dietas pobres en grasas
- Dietas ricas en proteínas

▣ PREPARACIÓN

1. En una sartén con aceite saltear las cebolletas y los calabacines cortados a rodajas y el perejil triturado. Sazonar y rehogar durante 15 minutos.

2. Retirar la sartén del fuego y pasar por el túrmix las cebolletas y las rodajas de calabacín (reservando algunas). Poner la salsa resultante en un cazo y mezclarlo con la nata.

3. Cocer los filetes de dentón al vapor durante 6 minutos, colocarlos en la fuente de servir y verter encima la salsa. Decorar con las rodajas de calabacín reservadas.

Escalopas de champiñón

Estas escalopas vegetales son un excelente primer plato para una dieta de control del peso. También contribuyen a regular los niveles altos de colesterol y no contienen grasas nocivas. El champiñón, además, es rico en cinc y cobre, dos minerales que actúan sobre el metabolismo y en la formación de hemoglobina (célula que transporta el oxígeno por el organismo).

◘ INDICADO PARA

- Deficiencia de cinc o cobre
- Dietas ricas en calcio
- Hipercolesterolemia

◘ INGREDIENTES (para 4 personas)

- 250 g de champiñones
- 50 g de almendras tostadas
- 3 cucharadas de harina
- 3 dientes de ajo
- 1 ramita de perejil
- $\frac{1}{3}$ de litro de leche
- 2 huevos
- Pan rallado
- Aceite de oliva

◘ PREPARACIÓN

1. Lavar los champiñones y cortarlos a láminas. Freír con 2 cucharadas de aceite hasta que pierdan todo su jugo. Aparte, machacar en un mortero los dientes de ajo pelados y las almendras; añadir la masa a los champiñones y reservar.

2. Freír un diente de ajo, picado muy menudo. Cuando esté dorado, añadir la harina, el perejil, los champiñones y la leche. Mezclar y cocer hasta que se espese, dándole vueltas continuamente. Añadir 2 yemas y remover enérgicamente.

3. Extender la pasta en una fuente plana, hasta conseguir un grosor de 1 cm y dejar enfriar.

4. Cortar la pasta en cuadrados irregulares, y rebozar con las claras batidas y el pan rallado.

Guiso de pollo con manzanas

El pollo es rico en sodio y potasio, minerales esenciales para el buen funcionamiento del sistema nervioso.
Las manzanas contienen en abundancia minerales, betacaroteno, y vitamina C, sustancias que ralentizan el envejecimiento celular.
Este guiso de pollo es, por tanto, un poderoso reconstituyente.

INGREDIENTES (para 4 personas)

- 1 pollo de tamaño medio (1,5 kg)
- 1 manzana reineta
- 4 cucharadas soperas de aceite de oliva virgen
- 1 manojo de perejil
- 1 vaso de vino blanco
- 2 vasos de agua
- Sal

INDICADO PARA

- Dietas ligeras
- Dietas ricas en proteínas
- Falta de energía

PREPARACIÓN

1. Poner el aceite a calentar. Salar e introducir la manzana en el interior del pollo. Aparte, picar el perejil.

2. Rehogar el pollo, y rociar con vino y agua. Agregar sal y el perejil picado. Cocer a fuego mediano, 1 hora aproximadamente.

CONSEJOS DE LA ABUELA...

EL COLOR DEL POLLO

Para que la carne o el pollo asado adquiera un atractivo color dorado, debe rociarse con zumo de limón antes de ponerlo al fuego.

Hamburguesas de frutos secos

Estas hamburguesas vegetales son mucho más sanas que las elaboradas a base de carne, ya que no contienen grasas nocivas para el organismo. Asimismo, los frutos secos son ideales para controlar el colesterol y para aportar minerales esenciales a la dieta. El apio, por su parte, tiene un alto contenido en minerales, que aumentan el valor nutritivo de este plato. Finalmente, la cebolla, gracias a la fibra que contiene, mejora el funcionamiento del intestino, contribuyendo a contrarrestar el estreñimiento.

INDICADO PARA

• Debilidad muscular
• Deficiencia de minerales
• Deficiencia de vitamina B
• Dietas ricas en fibra
• Dietas ricas en proteínas
• Estreñimiento
• Hipercolesterolemia
• Personas de bajo peso

INGREDIENTES (para 4 personas)

• 450 g de frutos secos variados (almendras, nueces, etc.)
• 2 cebollas
• 2 tallos de apio
• 100 g de mantequilla
• 2 cucharadas de hierbas variadas
• 2 cucharadas de harina de trigo integral
• 2 vasos de agua
• 2 cucharadas de extracto vegetal en polvo
• 2 cucharadas de salsa de soja
• 2 cucharadas de extracto de levadura
• 225 g de pan tierno integral rallado
• Aceite, sal y pimienta negra recién molida

PREPARACIÓN

1. Freír las cebollas troceadas y el apio cortado a taquitos menudos en la mantequilla durante 10 minutos. Añadir las hierbas, removiendo durante un minuto. Agregar la harina y cocer durante 1 o 2 minutos más.

2. Verter el agua y agitar hasta que se espese. Añadir el extracto vegetal en polvo, la salsa de soja, el extracto de levadura, los frutos secos rallados, el pan rallado, la sal y la pimienta.

3. Dejar enfriar la mezcla para dar forma luego a las 12 hamburguesas de un grosor de 1 cm, rebozándolas con pan rallado. Cocinar en una sartén aceitada o sobre la barbacoa.

CONDIMENTO DE HIERBAS PARA DESPERTAR EL APETITO

La falta de apetito puede ser algo pasajero, debido a circunstancias concretas o a la influencia del cambio de estación –sobre todo en primavera–, pero también a circunstancias más graves, de origen psicológico. El aderezo propuesto en esta página nos ayudará a despertar el apetito, y con él se pueden cubrir los alimentos que queramos condimentar, por ejemplo la carne: espolvorearemos el condimento sobre el majado y luego lo pondremos al horno. También se puede utilizar para aderezar platos salados.

INGREDIENTES

- 3 manojitos de hojas de salvia fresca
- 1 manojito de hinojo
- 1 diente de ajo
- 3 cucharadas de vinagre de manzana

PREPARACIÓN

1. Machacar la salvia, el hinojo y el ajo.

2. Mezclarlas con el vinagre.

Hígado encebollado

El hígado es la parte de los animales que contiene más nutrientes esenciales. La cebolla, por su parte, es rica en aceites y azufre, por lo que parece que contribuye a combatir enfermedades infecciosas; además de facilitar la digestión, es muy depurativa. Ambos alimentos se complementan muy bien, reforzando mutuamente sus propiedades. Este nutritivo plato se recomienda especialmente a personas que padezcan de anemia.

INGREDIENTES (para 4 personas)

- 500 g de hígado de ternera
- Cebolla al gusto
- Aceite

INDICADO PARA

- Anemia
- Decaimiento
- Estreñimiento

PREPARACIÓN

1. Limpiar el hígado de la tela que lo recubre.

2. Cortar la cebolla y el hígado a dados.

3. Poner un buen chorretón de aceite a calentar en una sartén y dorar la cebolla.

4. Cuando esté dorada añadir el hígado. Removerlo, taparlo y dejarlo hacer a fuego muy lento.

Lenguado con calabacín

Tanto el lenguado como el calabacín destacan por su escaso aporte energético. Este pescado contribuye a regular los niveles de colesterol, mientras que el calabacín es una fuente importante de potasio, que es esencial para la conducción de los impulsos nerviosos.

▣ INGREDIENTES (para 4 personas)

- 2 lenguados (unos 800 g en total)
- 3 calabacines pequeños
- 2 cebollas
- 4 cucharadas de aceite de oliva
- ½ vaso de agua
- Albahaca
- Sal

▣ INDICADO PARA

- Deficiencia de potasio o yodo
- Dietas ligeras
- Hipercolesterolemia

▣ PREPARACIÓN

1. Limpiar y pelar los lenguados. Lavar los calabacines y partirlos a rodajas finas, así como las cebollas, y esparcir sobre una fuente para horno.

2. Disponer encima de la cebolla el calabacín y espolvorear con albahaca triturada y sal. Rociar la fuente con el agua y 2 cucharadas de aceite.

3. Poner la cazuela en el horno a fuego medio, durante 8 minutos. Retirar, y colocar encima los dos lenguados. Salar y rociar con el aceite restante.

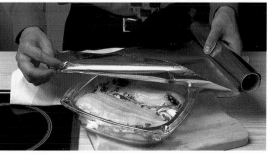

4. Cubrir con una hoja de papel de aluminio y poner en el horno durante 10 minutos.

Medallones de ternera a la provenzal

Este guiso de ternera está aderezado con hierbas provenzales, es decir, con mejorana, tomillo, albahaca y salvia. Estas hierbas aromáticas se pueden cultivar perfectamente en casa, ya que sólo necesitan un lugar soleado. El tomillo y la albahaca facilitan la digestión, mientras que la salvia es beneficiosa para el sistema nervioso. Por su parte, la mejorana se utiliza para aromatizar todo tipo de guisos.

☐ INGREDIENTES (para 4 personas)

- 4 filetes de ternera (500 g)
- 3 tomates maduros
- 1 diente de ajo
- 1 vaso de vino rosado
- 2 cucharadas de aceite de oliva
- 2 cucharadas de hierbas provenzales (mejorana, tomillo, albahaca, salvia)
- Perejil
- Sal y pimienta

☐ INDICADO PARA

- Anemia
- Dietas ligeras
- Dietas ricas en proteínas

☐ PREPARACIÓN

1. Triturar las hierbas y reservar. Escaldar los tomates, pelarlos, quitarles las semillas, trocearlos y escurrirlos durante unos minutos en un colador.

2. Saltear el ajo en la sartén y añadir los filetes de ternera, limpios de grasa. Retirarlos y mantenerlos calientes.

3. Retirar la grasa de la sartén, verter en ella el vino y dejarlo evaporar a fuego vivo. Agregar los tomates, salpimentarlos y cocerlos durante 5 minutos.

4. Poner de nuevo los filetes y espolvorearlos con las hierbas y el perejil. Salpimentar y dejarlos cocer durante 5 minutos más.

Pastel de atún

Este plato garantiza el aporte de calcio
–vital para la salud de los huesos– gracias
a la presencia de los huevos y el queso
fresco. El atún, por su parte, es un pescado
muy rico en minerales, como el sodio
y el hierro, que son sustancias esenciales
para el organismo. También contiene yodo,
constituyendo, además, un aporte importante
de vitaminas A y D.

INGREDIENTES (para 6 personas)

- 250 g de atún en aceite
- 1 cebolleta
- 1 limón
- 1 cucharada de harina
- 4 huevos
- 1 cucharada de mantequilla
- 70 g de queso fresco
- 1 cucharada de mayonesa
- Sal
- Perejil

INDICADO PARA

- Artrosis
- Deficiencia de calcio
- Deficiencia de vitaminas A y D
- Dietas ricas en proteínas
- Osteoporosis

PREPARACIÓN

1. Separar las yemas de las claras de los huevos
y batir las yemas hasta obtener una mezcla
espumosa. Agregar la harina y luego, con
delicadeza, las claras montadas a punto de
nieve. Extender la pasta en un molde
rectangular forrado con papel de aluminio
y untado con mantequilla. Poner al horno a
180 °C durante 20 minutos hasta que se dore
ligeramente. Dejar enfriar unos minutos.

2. Desmoldar sobre una hoja de papel vegetal.
Enrollar la pasta con el papel y dejar enfriar.

3. Desmenuzar el atún y pasarlo por la batidora
junto con la mayonesa, el queso, el zumo del
limón, una pizca de sal, un poco de perejil
triturado y la cebolleta triturada, hasta obtener
una crema homogénea. Extender la pasta y
distribuir la crema de atún sobre su superficie.
Volver a enrollarla sin el papel y poner el rollo
en el frigorífico durante 12 horas.

Redondo de pollo con granada

La granada es rica en sales minerales y vitaminas. Esta fruta es recomendable sobre todo por su alto contenido en fibra. La carne de pollo, por su parte, es muy ligera y, como la granada también facilita la digestión, este plato resultará de lo más equilibrado, ideal para niños en edad de crecimiento.

INGREDIENTES (para 4 personas)

- 2 pechugas de pollo enteras (400 g)
- 2 lonchas de jamón dulce (de 20 g cada una)
- 1 granada
- 1 trufa negra pequeña
- 80 g de queso emmental
- 2 cucharadas de mantequilla
- 1 cucharada de harina
- ½ vaso de vino blanco
- 3 cucharadas de aceite
- Sal

INDICADO PARA

- Dietas ligeras (sin el queso)
- Dietas ricas en proteínas
- Etapas de crecimiento

CONSEJOS DE LA ABUELA...

PLUMAS REBELDES

Un método eficaz para quitar aquellas pequeñas plumas rebeldes que quedan en el pollo es rebozar bien los dedos en sal; de este modo, no resbalarán y se podrá extraer hasta la más pequeña.

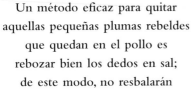

PREPARACIÓN

1. Cortar el queso en tiras finas. Pelar la trufa y cortarla a láminas. Separar —sin cortarlas— las dos partes de cada pechuga, salarlas y rellenarlas con las lonchas de jamón, las tiras de queso y las láminas de trufa. Cerrarlas en forma de librito y enharinarlas.

2. Dorar las pechugas en una sartén con aceite y mantequilla, y rociarlas con vino, dejando que se evapore a fuego fuerte y continuando la cocción 20 minutos más.

3. Desgranar la granada, reservar una cucharada y pasar el resto por el chino. Reservar las pechugas manteniéndolas calientes y añadirles el jugo de la granada. Partir las pechugas en rodajas transversales, rociarlas con la salsa y servirlas acompañadas del resto de la granada.

LAS SALSAS

Las salsas están presentes en todas las gastronomías, dan color y sabor al plato más sencillo y suelen gustar a la mayoría. Su único inconveniente es que muchas de ellas añaden al plato y a la dieta una buena dosis de grasas, colesterol, sal y calorías. Por ello, es recomendable saber los pros y contras de las salsas más habituales y conocer diferentes recursos para hacerlas más sanas.

MAYONESA

Es una de las salsas que más se utilizan y sirve como condimento de todo tipo de platos. Básicamente contiene aceite, huevo, zumo de limón o vinagre, y sal, siendo rica en grasas no insaturadas y vitaminas A y E. Es una salsa que tiene un valor nutritivo considerable pero debe tomarse con moderación, sobre todo si se trata de personas con exceso de peso o con problemas de colesterol. Para aligerar este tipo de salsa puede utilizarse la mitad del aceite que se usa habitualmente y sustituirlo por yogur, leche evaporada, zumo de frutas o leche. Si se trata de mayonesa preparada comercialmente, también se puede mezclar con yogur natural o de limón.

BECHAMEL

Es una salsa blanca compuesta esencialmente de leche, harina, mantequilla y especias. Hay múltiples recetas pero clásicamente se utiliza nuez moscada y sal para su condimentación. Además muchas veces se utiliza para gratinar, por lo cual se le añade queso. No es tan energética como la mayonesa, siendo muy rica en calcio, proteínas y vitamina A. Para aligerarla sólo hay que usar leche desnatada y disminuir la dosis de mantequilla utilizada. La mantequilla también se puede sustituir por aceite de oliva.

SALSA DE TOMATE

Es la base de otras muchas salsas y un ingrediente típico de la cocina mediterránea. Sus ingredientes esenciales son el aceite, el tomate, las especias, las hierbas aromáticas y la sal. Aunque sus virtudes son muchas (aporta minerales y no contiene grasas saturadas, etc.), existe el peligro de provocar problemas para la salud si la salsa está excesivamente sofrita o los aceites con que se ha elaborado están requemados. Para que la salsa de tomate resulte ligera y sana hay que utilizar una dosis muy moderada de aceite, no sofreírlo en exceso y utilizar tomates frescos.

VINAGRETA

Se realiza a base de aceite, vinagre y especias, siendo una de las salsas más sanas y digestivas que existen. Su único inconveniente es que si contiene una cantidad excesiva de vinagre resulta un tanto indigesta. Sus ventajas son que carece de grasas saturadas y que contiene abundante vitamina E. Para elaborar una salsa vinagreta más ligera y sana podemos añadirle zumo de limón o naranja, con lo que aporta vitamina C y disminuye su valor energético.

Terrina de pescado y verduras

El pescado con espinacas es un plato ideal para controlar el exceso de peso, ya que no contiene excesivas grasas saturadas y equilibra el nivel de colesterol. Las espinacas son una de las verduras más ricas en minerales y vitaminas, teniendo además un papel destacado en la aportación de fibra a la dieta y la protección de los tejidos intestinales.

◙ INGREDIENTES (para 6 personas)

- 150 g de filetes de lenguado
- 250 g de filetes de salmón
- 200 g de filetes de merluza
- 300 g de espinacas
- 3 zanahorias pequeñas
- 3 calabacines pequeños
- 1 ajo tierno
- 3 hojas de gelatina
- ½ vaso de caldo de pescado
- Vinagre y sal

◙ INDICADO PARA

- Dietas ligeras
- Dietas ricas en proteínas
- Hipercolesterolemia

CONSEJOS DE LA ABUELA...

LAS ESPINACAS

Aunque las espinacas poseen una gran variedad de efectos medicinales y nutritivos, por su alto contenido en oxalatos no se puede abusar de su consumo: como máximo, se pueden comer dos veces a la semana.

◙ PREPARACIÓN

1. Pelar y limpiar las zanahorias y los calabacines y cortar éstos a tiras. Cocer las dos hortalizas al vapor. Poner en remojo la gelatina y lavar los filetes de pescado.

2. Lavar las espinacas, cocerlas en poca agua salada durante unos instantes y escurrir. Hervir en un cazo el ajo triturado y el vinagre 2 minutos. Retirar el cazo, añadir la gelatina escurrida, remover y pasar por la batidora. Mezclar la salsa con el caldo de pescado.

3. Forrar las paredes de una terrina con las hojas de espinacas. Colocar una capa de pescado, una de zanahoria y una de calabacín y verter encima un chorro de la salsa. Repetir la operación hasta acabar los ingredientes. Cubrir la terrina con una hoja de aluminio. Poner al baño maría en el horno a 165 °C y cocer durante 30 minutos. Colocar en la nevera hasta que la gelatina se solidifique.

Ternera con berenjena

El bistec de ternera se puede incluir perfectamente en una dieta sana y equilibrada para controlar el peso, sobre todo si se cocina con verduras, que favorecen la digestión. La carne de ternera destaca por su contenido en hierro, mientras que los tomates se incluyen entre los alimentos que proporcionan betacarotenos, una vitamina con un probado efecto antioxidante.

🔲 INGREDIENTES (para 4 personas)

- 4 filetes de ternera (de 120 g cada uno)
- 3 tomates maduros
- 1 berenjena grande o 2 pequeñas
- 50 g de aceitunas verdes
- 1 cucharada de mantequilla
- 3 cucharadas de aceite de oliva
- Albahaca
- Sal

🔲 INDICADO PARA

- Deficiencia de hierro
- Dietas ligeras
- Dietas ricas en fibra

🔲 PREPARACIÓN

1. Escaldar los tomates, pelarlos, cortarlos por la mitad, sacar las semillas y dejar escurrir. Extraer el hueso de las olivas y cortarlas a trocitos.

2. Lavar la berenjena y partirla a dados. Ponerla en una sartén con una cucharada de aceite y saltearla a fuego vivo durante 4 minutos. Sofreír con otra cucharada de aceite los tomates y salarlos.

3. En una cazuela calentar el aceite restante y dorar la ternera a fuego vivo 2 o 3 minutos por cada lado. Salar y reservar.

4. Poner en la cazuela los tomates, las aceitunas, una ramita de albahaca troceada y la berenjena. Remover, añadir los filetes y hornear a temperatura media durante 3 o 4 minutos.

Tortilla de alfalfa

Este plato es tan fácil de elaborar como una simple tortilla, pero con un ingrediente muy especial: los germinados de alfalfa. La alfalfa es una de las germinaciones más ricas y completas, con una excelente relación calcio/fósforo. Ambos minerales se encuentran presentes en el sistema óseo y su equilibrio es indispensable para aminorar el proceso de osteoporosis y la pérdida de masa ósea. Por su parte, los huevos son un alimento muy nutritivo –ideal como segundo plato–, rico en hierro y vitaminas A y D, aunque las personas con colesterol alto y problemas hepáticos o de vesícula biliar deben moderar su consumo.

◻ INGREDIENTES (para 1 persona)

- 2 cucharadas soperas de germen de alfalfa
- 1 ajo (tierno o seco)
- 1 huevo
- 1 cucharada de aceite de oliva
- Sal

◻ INDICADO PARA

- Anemia
- Deficiencia de hierro
- Frigidez
- Problemas óseos

◻ PREPARACIÓN

1. Calentar el aceite y dorar el ajo troceado.

2. Añadir la alfalfa limpia de cáscaras, y rehogar.

3. Salar y añadir el huevo batido.

CURIOSIDADES DE LA BOTICA

LOS GERMINADOS Y LA VITAMINA C
Los cereales y las legumbres en proceso de germinación poseen mucha vitamina C, que fortalece el sistema inmunitario, tonifica el sistema nervioso, ayuda a absorber el hierro, combate la anemia y es, además, muy recomendable para personas con algún desarreglo de frigidez, impotencia o infertilidad.

Tortilla de hortalizas al pimentón

El protagonista principal de esta tortilla es el pimiento, un alimento muy versátil y sabroso que se puede cocinar de numerosas maneras, ofreciendo siempre su característica principal: su riqueza en calcio y vitamina A. El toque final lo ofrece el pimentón, un condimento que se obtiene moliendo pimientos rojos secos. Existen varias clases de pimentón dependiendo de su grado de picante: los más suaves son el pimentón dulce noble y el pimentón extra.

INGREDIENTES (para 4 personas)

- 6 huevos
- 3 cebollitas tiernas
- 1 pimiento rojo
- 1 pimiento verde
- 1 cucharadita de pimentón dulce
- 2 cucharadas de aceite de oliva
- Sal
- Pimienta

INDICADO PARA

- Deficiencia de calcio
- Dietas ligeras
- Dietas ricas en proteínas
- Regenerar las pieles desvitalizadas

PREPARACIÓN

1. Mondar, lavar y cortar a rodajitas las cebollitas, y saltearlas.

2. Asar los pimientos. Partirlos a tiras finas y agregarlos a las cebollitas. Rehogar unos minutos, removiendo.

3. Batir los huevos con una pizca de sal, pimienta y la cucharadita de pimentón. Agregar a las hortalizas.

4. Verter la mezcla en una sartén grande untada de aceite. Tapar y cuando el huevo esté cuajado de un lado darle la vuelta con la ayuda de un plato grande.

Trucha con espárragos

El pescado azul siempre debe figurar en nuestra dieta, ya que aporta proteínas, reduce el nivel de colesterol y contribuye a prevenir las cardiopatías. Los espárragos, por su parte, favorecen el tránsito intestinal, facilitan la digestión y tienen un cierto efecto diurético, aunque no están recomendados para aquellas personas con ácido úrico alto o gota. Además, también ayudan a combatir los estados anémicos gracias a su contenido en cinc, manganeso, cobre y cromo.

◘ INGREDIENTES (para 4 personas)

- 2 truchas grandes
- 400 g de espárragos trigueros
- 1 cebolleta
- 1 limón
- 2 cucharadas de mantequilla
- 2 cucharadas de aceite de oliva
- Sal y pimienta

◘ INDICADO PARA

- Anemia
- Dietas de adelgazamiento
- Dietas ricas en proteínas
- Dolencias renales
- Estreñimiento
- Hipercolesterolemia
- Prevención de cardiopatías

CURIOSIDADES DE LA BOTICA

LOS ESPÁRRAGOS

Los hindúes utilizaban tradicionalmente el espárrago como un eficaz tratamiento contra la indigestión y para prevenir náuseas, hernia de hiato y la pirosis por el reflujo de ácido gástrico.

◘ PREPARACIÓN

1. Limpiar las truchas, separarlas en dos filetes cada una y salpimentarlas. Limpiar los espárragos, trocearlos y escaldarlos en agua hirviendo durante 2 minutos. Reservar un poco de este agua. Pelar la cebolleta y partirla a trozos. Exprimir un limón.

2. Rehogar la cebolleta en una sartén con mantequilla y agregar los espárragos. Salpimentar y saltear los ingredientes unos minutos. Después, verter 3 cucharadas del agua de cocción y dejar hervir durante 10 minutos a fuego moderado. Pasar los ingredientes por la batidora, junto con otro poco de agua de cocción y un chorro de limón.

3. Calentar el aceite y poner los filetes de trucha con la piel boca abajo. Dorarlos 2 minutos por cada lado, rociarlos con el resto del zumo de limón y colocarlos en la fuente. Servir con la salsa de espárragos.

FRITOS SALUDABLES

Aunque los fritos son muy energéticos y poco digestivos, su sabor es excelente y forman parte de nuestra más antigua tradición culinaria.Una persona sana puede incluir este tipo de platos en su dieta si los elabora de forma adecuada y los alterna con otro tipo de cocciones. Contienen más grasas y aportan más calorías que otros alimentos, pero no son realmente perjudiciales. Deben tomarse con moderación y tener en cuenta una serie de normas a la hora de elaborarlos.

- El aceite más adecuado es el de oliva puesto que es el que mejor resiste las temperaturas de fritura.
- Se debe utilizar una cantidad adecuada de aceite. Si el aceite es escaso los alimentos se pegarán inevitablemente a la sartén y el plato perderá calidad.
- Para que el frito quede crujiente el aceite debe estar muy caliente, ya que en caso contrario el alimento absorbe mucho aceite y queda reblandecido.
- La sartén debe estar en perfecto estado. Evitar las sartenes que tienen la capa antiadherente fragmentada o con grietas.
- No poner gran cantidad de alimentos en la sartén. La temperatura del aceite bajará y el alimento quedará aceitoso y con una elaboración deficiente.

- Tener en cuenta que a lo largo de la fritura se debe ir añadiendo aceite. Asimismo tener en cuenta que si se fríen alimentos congelados la temperatura del aceite descenderá más fácilmente.
- Los alimentos para freír deben ser de poco grosor y no muy consistentes. Un alimento demasiado grueso tiene muchas posibilidades de quedar quemado por fuera y crudo por dentro.
- No reutilizar el aceite varias veces. Aunque su aspecto sea normal, la composición del aceite se va alterando y el frito será cada vez más indigesto.
- Colocar los alimentos, una vez fritos, en un papel de cocina. De esta manera, se absorberá parte del aceite sobrante. Un simple escurridor no suele ser efectivo.
- La mejor guarnición para un frito o un rebozado son unos vegetales hervidos o crudos. Evitar la típica combinación de rebozado o frito con patatas fritas y sustituirla por lechuga, tomate, judías hervidas, etc. El plato será mucho más ligero y digestivo.
- Recordar que los fritos son más adecuados para las comidas que para las cenas y que deben alternarse con los hervidos, asados, etc.

LA BOTICA DE LA ABUELA – COCINA SANA

● POSTRES ●

Áspic de frutas del bosque

Las frutas del bosque otorgan a este postre una gran riqueza en vitamina C. Además, los arándanos contienen carotenoides, unos poderosos protectores de las células del organismo; las fresas y las grosellas aportan fibra, y las moras están consideradas como un remedio natural contra el insomnio. Estas últimas también pueden resultar efectivas para las afecciones de garganta. El limón, por último, refuerza todavía más el contenido vitamínico de este plato.

◘ INDICADO PARA

- Deficiencia de vitaminas A y C
- Dietas ricas en fibra
- Dietas sin grasas

◘ INGREDIENTES (para 4 personas)

- 100 g de arándanos
- 100 g de grosellas
- 100 g de fresas
- 100 g de moras
- 4 limones
- 5 hojas de gelatina
- 1 l de agua
- 8 cucharadas de azúcar
- Hojas de menta

◘ PREPARACIÓN

1. Exprimir los limones y cortar la piel de uno de ellos. Poner el azúcar en un cazo con la piel de limón y ½ vaso de agua, y cocer a fuego medio, hasta que adquiera consistencia. Dejar las hojas de gelatina en remojo en agua tibia, escurrir y agregar al jarabe hasta que se disuelvan.

2. Desechar la piel de limón y verter ²/₃ del jarabe en un molde, girándolo para que cubra todas las paredes. Dejar el molde en el frigorífico hasta que la gelatina se solidifique.

3. Retirar el molde del frigorífico y rellenar con las frutas del bosque (lavadas en agua fría). Verter el resto de la gelatina y volver a poner el molde en el frigorífico. Para desmoldar el áspic, sumergir el molde en agua fría. Sírvase decorado con hojas de menta.

Bavaroise de kiwi

En esta bavaroise se ha sustituido la gelatina por un alga hoy ya popular, el agar-agar, que por su consistencia espesa y gelatinosa es ideal para espesar cremas de repostería. El kiwi, por su parte, es una fruta muy rica en vitamina C, que refuerza las defensas del organismo. Tiene también un destacable contenido en betacaroteno, sustancia que previene del envejecimiento celular.

▣ INGREDIENTES (para 4 personas)

- 4 kiwis maduros
- 200 g de fruta de la pasión
- 125 g de azúcar integral de caña
- 1 limón
- 2 cucharaditas de gelatina de agar-agar en polvo
- 150 g de nata
- Mantequilla

▣ INDICADO PARA

- Deficiencia de vitaminas A y C
- Estreñimiento
- Reforzar las defensas

CURIOSIDADES DE LA BOTICA

EL KIWI

El kiwi es originario de China y fue introducido en Europa a principios de siglo como una curiosidad botánica, bajo el nombre de «uva espina china». Esta fruta agridulce posee el doble de vitamina C que la mayoría de los cítricos.

▣ PREPARACIÓN

1. Pasar por la batidora uno de los kiwis pelados, con la mitad del azúcar, el zumo de ½ limón y la mitad de la gelatina, remojada previamente en agua caliente.

2. Verter la mezcla en un molde untado de mantequilla y dejar que se solidifique en el refrigerador, durante 1 hora, hasta que adquiera una consistencia firme.

3. Verter la segunda preparación, esta vez a base de fruta de la pasión. Volver a poner en la nevera, durante 2 horas. Desmoldear y decorar con el resto de kiwis y con la nata.

Bizcocho de almendras

Todo buen repostero sabe que el secreto de cualquier bizcocho o tarta está en la masa. Para conseguir una masa consistente, a la vez que esponjosa, es necesario batir los huevos enérgicamente y de manera continuada, para que cuando se añada el relleno –en este caso las almendras– éste quede bien repartido por toda la masa y no se amontone en el fondo del molde.

◙ INGREDIENTES (para 4 personas)

- 5 huevos
- 150 g de concentrado de manzana
- 300 g de harina integral
- 100 g de almendras
- Mantequilla

◙ INDICADO PARA

- Deficiencia de calcio
- Deficiencia de vitamina E
- Dietas ricas en proteínas
- Dietas ricas en vitamina A
- Personas de bajo peso

◙ PREPARACIÓN

1. Verter en un bol los huevos junto con el concentrado de manzana y batir con fuerza.

2. Añadir las almendras, previamente ralladas, y la harina. Volver a batir la masa enérgicamente.

3. Engrasar con mantequilla el molde y verter la masa. Hornear a temperatura baja durante ½ hora.

CONSEJOS DE LA ABUELA...

CONSERVAR LAS ALMENDRAS

Las almendras se conservan perfectamente en la nevera, y se pueden congelar con la cáscara para poder disfrutar de ellas fuera de temporada.

EL AZÚCAR

El azúcar se obtiene de la remolacha o de la caña de azúcar y está compuesto esencialmente de sacarosa. En la antigüedad era signo de poder y gusto refinado, pero hoy en día tiene muchos detractores y se recomienda un consumo mínimo. En Occidente se ingiere una cantidad de azúcar superior a la deseable y en algunos países aporta una parte muy notable de la energía de la dieta.

La OMS recomienda que el aporte de sacarosa, o sea de azúcar, no supere el 10% de la energía total de la dieta diaria. Es decir, en una dieta equilibrada de 2.500 kcal, la ración de azúcar no debería superar las 250 kcal, lo que equivale a unos 60 g de azúcar (teniendo en cuenta que estos 60 g no incluyen simplemente el azúcar que añadimos al café, sino también el que se encuentra en alimentos tan diversos como caramelos, bebidas o galletas).

Al azúcar se le ha atribuido la culpabilidad de muchas enfermedades, pero en realidad lo único que está realmente comprobado es que produce caries. En cuanto a la diabetes, no se ha podido demostrar que el azúcar produzca directamente esta enfermedad, si bien es verdad que el azúcar favorece la obesidad y la obesidad sí predispone a la diabetes tipo II.

RECOMENDACIONES

Una persona sana puede consumir una dosis moderada de azúcar y alimentos dulces sin problemas, teniendo siempre en cuenta que para evitar la caries es imprescindible una higiene dental adecuada. También debe tenerse en cuenta que lo dulce puede crear cierta adicción que es mejor evitar. Es recomendable asimismo acostumbrarse al sabor natural de los alimentos sin un exceso de condimentación, sea azúcar, sal o cualquier otro aderezo. Si se trata de personas con exceso de peso o diabéticos es aconsejable suprimir este alimento y limitarse a los alimentos dulces, como la fruta o las mermeladas sin azúcar.

ALIMENTOS RICOS EN AZÚCAR

- Bebidas refrescantes.
- Pasteles, helados, galletas, bollería.
- Mermeladas, confituras, chocolates, cremas, frutas en almíbar, cacao en polvo.
- Snacks, caramelos, chicles, bombones.
- Yogures aromatizados, yogures líquidos, leche condensada.
- Zumos de fruta preparados.
- Mueslis, cereales de desayuno.
- Licores, cremas de licor.
- Postres lácteos preparados.

Budín de frutas

Se puede disfrutar de un dulce sin necesidad
de preocuparse por la cantidad de grasas
que se introducen en el organismo. Esto se
consigue comiendo con moderación, pero
también incluyendo en los postres
ingredientes sanos y naturales. En este caso,
el uso de harina integral, frutas y especias
ha originado un bizcocho rico en calcio,
ideal para los niños en edad de
crecimiento.

INGREDIENTES (para 4-6 personas)

- 225 g de pasas
- 50 g de copos de avena
- 50 g de harina integral
- 75 g de mantequilla o margarina
  rallada
- 1 pizca de nuez moscada molida
- ½ cucharadita de raíz de jengibre
  rallada
- 25 g de tallo de jengibre
- ½ cucharadita de pimienta
- 1 naranja
- ½ limón
- 3 huevos

INDICADO PARA

- Deficiencia de calcio
- Etapas de crecimiento
- Osteoporosis y pérdidas de masa ósea

PREPARACIÓN

1. Mezclar los copos de avena con la harina.
Añadir la mantequilla o margarina, las
especias y el tallo de jengibre finamente
picado.

2. Remojar las pasas durante 20 minutos en el
zumo de naranja y limón, y luego añadirlo
todo a la masa.

2. Añadir los huevos batidos y remover durante
5 minutos. Untar con mantequilla un cuenco
de 1 l y verter la mezcla. Cubrir con papel
de barba y dos hojas de papel de aluminio y
cocer al baño maría durante 1 hora y ½ o 2.

Compota de albaricoque y almendras con yogur

Esta compota es un alimento muy nutritivo, ideal para combatir enfermedades carenciales, gracias a sus ingredientes: albaricoques, que poseen un alto contenido en fibra; almendras, que son ricas en minerales, y yogur, que tiene la propiedad de proteger el intestino.

◙ INGREDIENTES (para 4 personas)

- 250 g de albaricoques secos
- 500 ml de yogur natural bajo en calorías (descremado)
- 40 g de almendras
- 1 cucharadita de miel (opcional)
- Hojas de menta

◙ INDICADO PARA

- Dietas ricas en fibra
- Favorecer la regeneración celular
- Pieles desvitalizadas

◙ PREPARACIÓN

1. Hervir los albaricoques a fuego lento durante 5 minutos. Escurrir y mantenerlos en agua fría.

2. Volver a hervir los albaricoques en una cacerola tapada durante 20 minutos y a fuego lento. Dejar enfriar. Pasar por la batidora hasta conseguir un puré espeso.

3. Cuando el puré esté tibio, añadir el yogur y la miel (opcional), mezclándolo bien. Mantener en la nevera.

4. Tostar las almendras picadas en una sartén sin aceite y espolvorear con ellas la compota, justo antes de servir. Decorar con las hojas de menta.

Crema de manzana y naranja

La manzana es una fruta conocida sobre todo por sus virtudes desintoxicadoras del organismo, siendo muy rica en fibra, potasio y vitamina C. Pero, además, contiene una sustancia llamada pectina, muy útil para reducir el nivel de colesterol e importante para mantener un ritmo intestinal regular. La naranja, al igual que la manzana, contiene multitud de vitaminas y sales, por lo que la combinación de ambas frutas resulta ideal para estimular el sistema inmunitario y la actividad muscular cardíaca.

◙ INGREDIENTES (para 6 personas)

- 1 kg de manzanas reinetas
- 1 naranja
- 3 cucharadas soperas de miel
- Menta fresca
- 2 claras de huevo

◙ INDICADO PARA

- Deficiencia de vitaminas
- Dietas de adelgazamiento
- Estreñimiento
- Hipercolesterolemia

◙ PREPARACIÓN

1. Cocer a fuego lento las manzanas peladas y cortadas, la miel, parte de la menta, la ralladura y el zumo de la naranja, durante 15 minutos, removiendo de vez en cuando. Las manzanas deben quedar reducidas a puré.

2. Retirar la menta y batir la compota enérgicamente con una espátula de madera, hasta que quede homogénea. Dejarla enfriar.

3. Batir las claras a punto de nieve e incorporarlas a la compota. Servir frío en recipientes individuales pequeños decorados con menta fresca.

CURIOSIDADES DE LA BOTICA

LAS MANZANAS

Cada tipo de manzanas tiene sus propiedades particulares: la delicia está indicada para las cardiopatías, la golden es un eficaz laxante si se toma por la noche y la starking es desinfectante y apropiada para los diabéticos.

EL YOGUR

El yogur es un tipo de leche fermentada que se consume desde la antigüedad y a la que desde entonces se han atribuido numerosas propiedades y virtudes. Parece que incluso hay estudios que demuestran que algunos pueblos con un alto consumo de yogur viven más años y mantienen la salud de forma envidiable. Lo que sí se sabe con certeza es que es un alimento nutritivo, con algunas ventajas respecto a la leche y con efectos muy beneficiosos sobre el sistema digestivo. Es realmente, tal como se dice a veces, un alimento «vivo», pues contiene en su interior miles de microorganismos que son los que le confieren gran parte de sus virtudes. Actualmente el consumo de yogur va en aumento y en algunos países es el alimento lácteo preferido.

El valor nutritivo del yogur es muy parecido al de la leche. Contiene fundamentalmente proteínas, calcio, fósforo, vitamina A, vitaminas del complejo B, vitamina D y grasas en dosis variables según se trate de un yogur entero o desnatado. Al igual que la leche, 100 cc de yogur entero aportan unas 60 kcal y, desnatado, unas 40 kcal. La diferencia con la leche es que el yogur no contiene lactosa (azúcar típico de la leche)

YOGUR DE MANZANA

Para elaborar este delicioso postre a base de yogur y manzana, asar primero dos manzanas. Luego, poner a templar 1 litro de leche entera y añadir 1 cucharadita de canela, 4 clavos de olor y $1/2$ cucharadita de hinojo en polvo. Cuando tome color, añadir, removiendo, la pulpa de las manzanas y 3 yogures bio con lactobacillus. Remover hasta conseguir una pasta homogénea.

sino ácido láctico, que es mucho más digestivo. Recordemos que algunas personas tienen una cierta o total intolerancia a la lactosa. Además, la composición del yogur hace que tenga efectos beneficiosos en la flora intestinal, regulando en algunos casos la tendencia al estreñimiento o la diarrea.

YOGUR DE ROSAS

Para hacer este yogur, que es un excelente tónico cordial, se necesitan 100 g de pétalos de rosas frescas, 1 litro de agua de manantial y un yogur natural. Se dejan macerar las rosas en el agua durante 24 h. Después, filtrar a través de un trapo, apretando para escurrir bien. Aparte, poner a templar $1/4$ de litro de leche y, removiendo bien, añadir 3 cucharadas soperas del agua de rosas, 1 yogur natural, 2 cucharadas soperas de azúcar y 1 pizca de sal. Envasar en un recipiente que cierre herméticamente y envolver con una toalla. Guardar en lugar templado durante 24 horas.

Crepes con salsa de manzana

Las crepes se preparaban originariamente a base de harina, agua y miel. Su composición ha variado con el paso del tiempo (en la página 58 se explica una de las formas de hacer su masa) y su gran versatilidad permite que se puedan servir de muchas maneras distintas: en forma de canuto enrollando la masa, en forma de cucurucho, o en forma de sobre, plegando las cuatro esquinas.

INGREDIENTES (para 4 personas)

- 16 crepes
- 6 manzanas
- 4 huevos
- 130 g de azúcar integral
- 30 g de harina integral
- ½ l de leche
- Mantequilla
- 2 limones

INDICADO PARA

- Deficiencia de vitaminas
- Dietas ricas en fibra
- Estreñimiento
- Etapas de crecimiento

PREPARACIÓN

1. Hervir la pulpa de las manzanas con el zumo de los limones y el agua. Disolver 100 g de azúcar, y pasarlo por la licuadora. Reservar.

2. Batir las yemas de huevo junto con el azúcar restante, añadiendo la harina en forma de lluvia y la leche. Poner al fuego y sin dejar de remover llevar la mezcla a ebullición, manteniéndola a fuego lento durante 2 o 3 minutos.

3. Batir las claras a punto de nieve e incorporarlas a la mezcla fría. Introducir en cada crepe 2 cucharadas del relleno.

4. Enrollar las crepes y colocarlas en platos untados con mantequilla. Poner al horno a 250 °C durante 8 minutos. Rociar con la salsa de manzana.

Flan sin huevo

Con esta receta se demuestra, una vez más, que las posibilidades culinarias son infinitas; así, por ejemplo, se pueden elaborar postres como el flan de vainilla pero sin huevo. El agar-agar será el espesante sustitutivo, que dará consistencia a este flan, rico en calcio y proteínas, aunque a algunas personas esta alga puede producir trastornos digestivos. Por su parte, la miel es un edulcorante sano y natural, ideal para disminuir las calorías del azúcar, y la vainilla tiene propiedades digestivas y expectorantes.

INGREDIENTES (para 4 personas)

- 1 l de leche (según la flanera)
- 2 vainas de vainilla
- 2 limones
- 4 g de agar-agar seco
- Miel
- 4 cucharadas soperas de azúcar integral

◻ INDICADO PARA

- Dietas ligeras
- Dietas pobres en grasas
- Hipercolesterolemia

◻ PREPARACIÓN

1. Echar a la flanera el azúcar, una cucharada de agua y el zumo de ½ limón. Calentar hasta obtener el punto de caramelo deseado, y extender bien por toda la superficie de la flanera. Dejar enfriar.

2. Hervir la leche con la vainilla y la corteza de los limones. Poner en remojo con agua caliente las hebras de agar-agar, hasta que queden justo cubiertas de agua.

3. Una vez ablandado el agar-agar, hervir hasta que se deshaga totalmente (unos 5 minutos). Agregar a la leche y hervir la mezcla 5 minutos más. Endulzar con miel, al gusto. Verter en la flanera, dejar enfriar y colocar en la nevera.

Galletas caseras

Estas galletas caseras, que son muy sencillas de preparar, tienen el sabor especial de las especias que intervienen en su receta. Pero las especias no sólo aseguran que estas galletas caseras tengan un sabor sumamente delicado, sino que son la garantía perfecta de un destacado aporte de minerales. Este plato es muy recomendable para combatir los síntomas de debilitamiento físico y la astenia primaveral.

⚙ INDICADO PARA

- Astenia primaveral
- Etapas de crecimiento
- Falta de energía

⚙ INGREDIENTES (para 8 personas)

- 2 cucharaditas de nuez moscada en polvo
- 2 cucharaditas de canela en polvo
- 2 cucharaditas de clavo molido
- ½ kg de harina fina
- 150 g de azúcar
- 250 g de mantequilla
- 1 huevo

⚙ PREPARACIÓN

1. Mezclar todos los ingredientes hasta formar una masa homogénea.

2. Amasar la pasta con un rodillo, y dejarla reposar toda la noche.

3. Al día siguiente, cortar en forma de galletitas y poner al horno a 180 °C durante 10 minutos aproximadamente.

CONSEJOS DE LA ABUELA...

◆

GALLETAS EN LUGAR DE HARINA

◆

Si se termina la harina en casa, un sustituto eficaz y sabroso para rebozar el pescado o la carne son unas galletas bien machacadas.

Gelatina de frutas

Para espesar esta gelatina de frutas se utiliza el agar-agar, que es una alternativa sana y natural a las gelatinas elaboradas con huevo. Esta alga originaria del Japón es muy rica en calcio, sales minerales y azúcares no asimilables.

◘ INGREDIENTES (para 4 personas)

- 4 cucharadas de agar-agar seco
- 1 l de agua
- 150 g de fresas
- 2 plátanos
- 3 naranjas
- 150 g de azúcar integral de caña
- 1 limón
- ½ cucharadita de sal

◘ INDICADO PARA

- Dietas de adelgazamiento
- Estreñimiento

◘ PREPARACIÓN

1. Poner en remojo el agar-agar picado en agua tibia durante 15 minutos. Escurrir y diluir en 1 l de agua hirviendo. Una vez disuelto, incorporar la sal, el azúcar, el zumo de las naranjas y del limón, y mezclar bien.

2. Lavar las fresas y trocearlas junto con los plátanos. Añadir a la gelatina de agar-agar y mezclar bien. Verter la solución en un molde grande o varios individuales. Poner en la nevera para que se enfríe y solidifique.

CURIOSIDADES DE LA BOTICA

LAS GELATINAS

La gelatina es un ingrediente ideal para las dietas ligeras, pues no aporta excesiva energía, es muy digestiva y da sensación de saciedad.

LAS CONSERVAS

La práctica de conservar alimentos se remonta a tiempos prehistóricos, pero es ahora cuando las conservas están teniendo su mayor auge. Nuestro trepidante ritmo de vida y la falta de tiempo han hecho que las conservas y los precocinados sean un recurso dietético habitual.

VENTAJAS Y DESVENTAJAS

Realmente, las ventajas de las conservas son muchas: son rápidas y ofrecen comida de forma inmediata, son variadas, pueden guardarse mucho tiempo en la despensa, no requieren ningún tipo de práctica culinaria, permiten tener vegetales y hortalizas fuera de temporada, evitan perder el tiempo en la compra y, en su mayoría, tienen un nivel higiénico garantizado.

Pero también hay que tener en cuenta sus desventajas: tienen un valor nutritivo menor al de la comida fresca, sobre todo en cuanto a vitaminas; aportan generalmente más sal y condimentos que los alimentos frescos; si no son caseras pueden tener muchos aditivos; suelen resultar más caras que los mismos alimentos frescos, y si se trata de conservas de comida precocinada aportan por lo general más energía, grasas y condimentos que una comida casera similar. Pero como forman parte de nuestra dieta, lo más inteligente es utilizarlas de forma correcta.

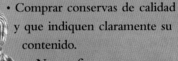

CÓMO UTILIZARLAS CORRECTAMENTE

- No deben consumirse en exceso.
- Si en un menú hay alimentos en conserva, procurar que incluya alimentos frescos.
- No aprovechar los líquidos de conservación.
- La luz disminuye el valor vitamínico de muchos alimentos, por lo que es recomendable que las conservas en tarro de cristal se guarden en lugares oscuros.
- Antes de comprar una conserva comprobar siempre su fecha de caducidad. Rechazar las conservas en las que no se distinga.
- No comprar conservas con abombamientos o herrumbres. Lo mismo puede decirse de las conservas caseras.
- Son preferibles las conservas con recubrimiento interno de porcelana.
- Comprar conservas de calidad y que indiquen claramente su contenido.
- No confiar en conservas artesanales si no conocemos con su procedencia y garantía sanitaria.

Helado de chocolate

Preparar los helados en casa permite conocer el origen de todos sus ingredientes y utilizar únicamente sustancias naturales. Este helado de chocolate, además, es un alimento refrescante, muy energético y nutritivo. Sin embargo, debe tenerse en cuenta que el chocolate contiene sustancias excitantes –como la cafeína– y que, por lo tanto, es mejor consumirlo con moderación, estando contraindicado para personas con problemas cardíacos y de colesterolemia.

INGREDIENTES (para 4 personas)

- 4 yemas de huevo
- 125 g de azúcar
- 1 vaso de crema de leche
- 1 vaso de nata
- 150 g de chocolate para derretir.

INDICADO PARA

- Etapas de crecimiento
- Falta de energía

PREPARACIÓN

1. Montar las yemas de huevo con el azúcar hasta obtener una crema esponjosa. Mezclar un poco de crema de leche con la nata y verter sobre las yemas de huevo montadas. Calentar a fuego lento, removiendo hasta que la crema se espese.

2. Fundir al baño maría el chocolate. Cuando el chocolate esté fundido, añadirlo a la crema, removiendo suavemente. Dejar enfriar.

3. Añadir el resto de la crema de leche y remover hasta conseguir una masa homogénea. Introducir en el congelador, removiendo cada 15 minutos.

CURIOSIDADES DE LA BOTICA

EL CHOCOLATE
Los diferentes tipos de chocolates (blanco, con leche, negro) se clasifican en función de su porcentaje de azúcar, cacao y manteca de cacao en cada 100 g de chocolate.

Madalenas de manzana y ciruelas

Las ciruelas, uno de los ingredientes de estas madalenas, son ricas en vitamina B_3 y reúnen sustancias como el betacaroteno y la fibra, que protegen contra el envejecimiento celular y cuidan de la salud del intestino. Si a esto añadimos las propiedades nutritivas de la manzana, se obtiene un postre muy sano, digestivo y energético.

INGREDIENTES (25 piezas)

- 500 g de harina
- 325 g de azúcar integral
- ¼ de litro de aceite
- 1 vaso de leche
- 7 huevos
- 1 limón
- ⅓ de sobre de levadura
- 750 g de manzanas
- 350 g de ciruelas deshuesadas

INDICADO PARA

- Deficiencia de potasio
- Estreñimiento
- Falta de energía
- Personas de bajo peso

PREPARACIÓN

1. Batir los huevos con el azúcar, la leche, el aceite, la harina, la levadura y el limón. Añadir las manzanas y las ciruelas (cortadas a tacos).

2. Llenar los moldes, colocar encima uno o dos pedacitos de manzana y hornear hasta que estén cocidas.

CURIOSIDADES DE LA BOTICA

LAS CIRUELAS

Es muy conocido el efecto laxante de las ciruelas, pero este digestivo fruto también está indicado en caso de sufrir enfermedades cardiovasculares (sobre todo las negras) o úlcera gastroduodenal (sobre todo las claudia). La ciruela roja, además, es rica en glúcidos, potasio y vitamina A.

Melón con mango

El melón es una fruta exótica cuya principal característica es su elevado contenido en vitamina C, aunque no son nada desestimables los niveles de calcio y potasio que se encuentran en su pulpa. El melón, gracias a la gran proporción de agua que contiene, resulta muy digestivo y refrescante. Este plato puede introducirse en una dieta de adelgazamiento dado su pobre contenido en calorías. Una curiosidad: el mango favorece el bronceado y si se frota la piel con su carne, aquélla queda limpia, tonificada y brillante.

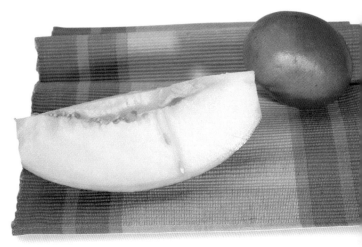

▣ INGREDIENTES (para 1 persona)

- ½ melón pequeño y maduro
- 1 mango maduro

▣ INDICADO PARA

- Deficiencia de minerales
- Deficiencia de vitaminas B, C y E
- Dietas de adelgazamiento
- Dietas ligeras

CURIOSIDADES DE LA BOTICA

EL MANGO

El mango, que es una fruta originaria de la India, aporta vitaminas B_3, C y E y, si está maduro, también es rico en carotenos.

REFRANES Y CITAS

«Como los melones son los hombres: algunos, buenos melones; muchos, melones apepinados; y los más, pepinos amelonados.»

▣ PREPARACIÓN

1. Cortar el melón por la mitad, limpiarlo de pepitas pero sin quitar su jugo.

2. Cortar el mango a pedacitos y colocarlos en el interior del melón (donde estaban las pepitas). Reservar unos instantes antes de servir, para que se mezclen los zumos de las dos frutas.

Pastel de peras

Las peras son depurativas, diuréticas y remineralizantes, siendo también muy efectivas a la hora de aportar fibra en caso de estreñimiento.

■ INGREDIENTES (para 4 personas)

- 2 peras peladas y cortadas en rodajas
- 1 cucharadita de zumo de limón
- 3 naranjas peladas
- 175 g de harina de trigo (mitad integral, mitad blanca)
- 3 cucharaditas de levadura en polvo
- 90 g de azúcar integral de caña
- 3 cucharadas de aceite de maíz
- ½ cucharadita de vainilla en polvo
- 1 cucharada de miel
- 2 cucharaditas de zumo de naranja

■ INDICADO PARA

- Carencia de minerales
- Carencia de vitamina C
- Dietas pobres en grasas
- Falta de energía

■ PREPARACIÓN

1. Cortar las peras en rodajas y rociarlas con zumo de limón. Cortar a lo largo 2 naranjas en 4 trozos. Colocar en un molde engrasado y con un papel en el fondo hasta cubrir toda la superficie.

2. Mezclar la harina, el azúcar y la levadura en un cuenco aparte. En otro, batir el aceite con la esencia de vainilla en 15 cl de agua fría. Mezclar las dos soluciones hasta obtener una pasta lisa.

3. Verter la mezcla en el molde, igualando la superficie. Hornear a 170 °C durante 45 minutos, hasta que el pastel suba y esté dorado.

4. Dejar enfriar, desmoldar y rociar con un sirope de naranja, resultado de la ebullición durante 1 minuto de la miel con el zumo de naranja.

Pastel de plátano y coco

El coco es un fruto extraordinariamente energético que facilita la digestión, y cuyo aceite toleran bien quienes tienen el colesterol alto. El plátano, por su parte, tiene un alto contenido en féculas y azúcares; se trata de un alimento muy energético, que es sobre todo rico en vitaminas A y B y —al igual que el coco— en fósforo, potasio y magnesio. De este modo, la cualidad nutritiva más destacable de este pastel es su elevado contenido en minerales.

 INGREDIENTES (para 6 personas)

- 4 plátanos maduros
- 100 g de copos de coco
- 60 g de azúcar integral
- 2 huevos
- 1 pizca de canela o 1 clavo
- 3 cucharadas de levadura
- 300 g de harina integral
- 1 cucharada de semillas de sésamo
- 200 g de mantequilla

INDICADO PARA

- Deficiencia de minerales y vitamina A

PREPARACIÓN

1. Pelar y aplastar los plátanos hasta conseguir una masa homogénea.

2. Mezclar la harina y la levadura, y añadir el azúcar, los huevos, la canela, los copos de coco, los plátanos y la mantequilla. Batirlo todo bien.

3. Verter la masa en un molde engrasado con mantequilla y espolvoreado con semillas de sésamo. Introducir en el horno (precalentado a 190 °C) durante una hora.

LOS GERMINADOS

Los germinados son los brotes que se obtienen al someter a los cereales a determinadas condiciones. Se trata del embrión vegetal que despierta a la vida con todas las sustancias necesarias para su posterior crecimiento. Hace 5.000 años a.C. ya se usaban por sus virtudes nutritivas. Los hay de todo tipo: de lentejas, trigo, mijo, cebada..., aunque los más conocidos son los de soja y alfalfa.

Incluir un puñado de brotes crudos de cualquiera de estos vegetales en la comida supone un importante aporte de vitaminas y minerales. Asimismo, los germinados promueven la aparición de leche en las madres lactantes, son muy útiles en casos de úlceras o pérdidas sanguíneas, son antianémicos, actúan contra el estrés, favorecen la regeneración de la flora intestinal y regularizan los procesos enzimáticos, y son también muy recomendables para los niños.

FÁCILES DE DIGERIR

El proceso de germinación hace que los cereales o legumbres utilizados aumenten su concentración de vitaminas y minerales y además son muy ricos en clorofila. La germinación sería como una predigestión

o precocinado: los hidratos y las proteínas se transforman en sustancias simples y asimilables, con lo que ahorran esa función de digestión al aparato digestivo. Los germinados crudos se pueden añadir a ensaladas, verduras, legumbres y todo tipo de platos.

PREPARACIÓN

1. Cubrir los granos de cereal en un recipiente con agua por la noche, y mantener a una temperatura de entre 12 y 18 °C.

2. Escurrir por la mañana y dejar reposar todo el día. Volver a cubrir por la noche. Repetir de 3 a 5 días, hasta que germinen (con una longitud de 1,5 a 3 cm).

Plum cake

Preparar un plum cake no es difícil y puede ser un postre delicioso si se elabora con frutos variados y naturales. En esta receta, el protagonismo lo tienen las pasas y las ciruelas secas. El contenido en minerales de estos alimentos hace que este plum cake sea un plato energético y laxante, ya que la ciruela es conocida por su efectividad a la hora de erradicar el estreñimiento.

■ INGREDIENTES (para 6-8 personas)

- 100 g de pasas
- 100 g de ciruelas secas
- 3 huevos
- 150 g de mantequilla
- 250 g de harina
- 2 cucharaditas rasas de levadura en polvo
- 150 g de azúcar integral de caña molido
- 1 pellizco de sal

■ INDICADO PARA

- Falta de energía
- Estreñimiento

■ PREPARACIÓN

1. Poner en remojo las pasas y las ciruelas desecadas durante 2 horas. Pasado ese tiempo, poner las pasas y las ciruelas a escurrir.

2. Batir la mantequilla y el azúcar y añadir los huevos uno a uno, batiendo constantemente. Agregar la harina y la sal, y mezclar el preparado con la levadura y las pasas y las ciruelas.

3. Forrar un molde alargado con un papel untado de mantequilla y rellenar con la pasta. Hornear primero a fuego medio y luego a fuego fuerte, durante 45-50 minutos. Sacarlo del molde cuando esté tibio, dejándolo en el papel.

Soufflé de moras con especias

Las naranjas y las moras destacan por su contenido en sales minerales y vitaminas. Este soufflé aportará estos nutrientes a aquellas personas que necesiten un suplemento extra: fumadores o pacientes que tengan que medicarse de forma continuada. Un consejo: el zumo de naranja debe prepararse en el momento en que se empiece a cocinar para que éste no pierda sus nutrientes. Y una curiosidad: las moras pueden aliviar los dolores menstruales leves.

INGREDIENTES (para 6 personas)

- 125 g de moras
- ¼ de litro de zumo de naranja
- 2 clavos de especia
- 1 pizca de canela en polvo
- 60 g de azúcar integral
- 4 cucharadas de agua
- 2 cucharaditas de agar-agar en polvo
- 6 huevos
- Esencia de vainilla
- Nata líquida

INDICADO PARA

- Deficiencia de sales minerales y vitaminas

PREPARACIÓN

1. Poner las moras, el zumo de naranja y las especias en un cazo pequeño. Tapar y hervir a fuego moderado hasta que espese. Retirar del fuego y dejar enfriar.

2. Hervir 4 cucharadas de agua con el azúcar y el agar-agar durante 4-5 minutos, hasta obtener una salsa espesa acaramelada. Batir las claras de huevo a punto de nieve y verterlas sobre el caramelo. Añadir la vainilla, batir de nuevo y guardar en la nevera.

3. Mezclar la salsa de moras con las claras de huevo y el caramelo. Verter en una fuente y dejar enfriar. Batir las yemas con el azúcar restante hasta que quede espumoso. Añadir la nata y batirlo de nuevo todo junto. Servir la salsa con el soufflé.

Tarta de avellanas

Las avellanas son unos frutos muy nutritivos y
energéticos, ricos en vitaminas del grupo B
y minerales (calcio, fósforo, magnesio, potasio,
azufre, cloro, sodio, hierro y cobre). Además,
es uno de los frutos secos más digestivos, ideal
para personas que realicen esfuerzos físicos
y para mujeres embarazadas, ancianos y niños
en edad de crecimiento.

INDICADO PARA

• Deficiencia de minerales
• Deficiencia de vitaminas
• Etapas de crecimiento

INGREDIENTES (para 8 personas)

• 375 g de avellanas
• 10 huevos
• 150 g de azúcar integral
• Un poco de mantequilla

PREPARACIÓN

1. Verter en un bol las yemas de los huevos y batir hasta que queden espumosas. Agregar el azúcar.

2. Añadir las avellanas, previamente machacadas. Batir bien y después unir a las claras batidas a punto de nieve.

3. Untar con mantequilla el molde y verter la masa. Hornear a temperatura baja durante media hora.

CONSEJOS DE LA ABUELA...

LAS AVELLANAS

Aunque las avellanas son muy ricas en vitamina B_1 y B_6 y poseen la misma cantidad de vitamina E que la almendra, es conveniente consumirlas en pequeñas cantidades debido a su alto contenido en grasas.

Tarta de queso

El queso fresco tiene un sabor ligeramente ácido, es pobre en grasas, rico en proteínas y tiene una alta proporción de calcio y fósforo. Pese a que su uso más común es consumirlo crudo, el queso cocinado gana en sabor y es un ingrediente muy sano en los platos.

◙ INDICADO PARA

• Dietas ricas en proteínas
• Osteoporosis

◙ INGREDIENTES (para 6 personas)

• ½ kg de queso fresco
• 100 g de harina integral
• 1 cucharadita de levadura
• 1 pizca de sal
• 3 cucharadas de crema de leche
• Aceite de germen de maíz
• 3 cucharadas de miel
• 2 cucharadas de harina integral de trigo
• 100 g de pasas sultanas
• 1 yema de huevo
• 4 huevos enteros y la clara de otro
• La ralladura de un limón

◙ PREPARACIÓN

1. Mezclar los 100 g de harina con un poco de levadura y sal. Amasar con la crema de leche, la miel y la yema de huevo.

2. Untar un molde con aceite de germen de maíz y cubrir el fondo con la pasta. Cocer durante 15 minutos, hasta que se dore ligeramente.

3. Triturar el queso fresco, las 4 yemas de huevo, la miel y la corteza rallada del limón. Añadir la harina de trigo (previamente mezclada con levadura y pasas) y amasar hasta conseguir una pasta homogénea. Aparte, batir las 5 claras a punto de nieve e incorporarlas a la pasta de queso fresco.

4. Volver a untar el molde de aceite, verter el preparado y cocer durante 30 minutos a horno medio.

Trufas de algarroba

Una manera sana y natural de sustituir el chocolate es recurrir a la algarroba. A partir de este vegetal, se elabora lo que se conoce como «chocolate de algarroba», muy usado por la repostería integral, que opta por los ingredientes más sanos. Este producto es rico en vitaminas y minerales, de manera que estas trufas se convierten en un postre sano, natural y energético.

▣ INGREDIENTES (25-30 trufas)

- 275 g de chocolate de algarroba
- 175 g de migas de pastel o galletas
- 25-50 g de pasas picadas
- 50 g de confitura de grosella negra, a ser posible sin azúcar
- 50 g de almendra molida

▣ INDICADO PARA

- Falta de energía

▣ PREPARACIÓN

1. Mezclar todos los ingredientes, excepto el chocolate, y repartir en bolitas del tamaño de una nuez.

2. Fundir el chocolate de algarroba a fuego lento, en pocas cantidades (dos o tres trozos cada vez), para conseguir que la capa externa de las trufas sea fina.

3. Introducir las trufas una por una hasta que estén completamente bañadas. Dejar reposar.

Turrón de Xixona a la piedra

Para saborear este producto típico de fechas navideñas no es necesario recurrir a los turrones preparados industrialmente, con conservantes y edulcorantes artificiales; elaborar un turrón casero es fácil aunque resulte un tanto laborioso. Las almendras son ricas en potasio, magnesio, calcio y hierro, así como en vitamina E, siendo muy nutritivas y ricas en proteínas; resultan un alimento muy recomendable en caso de padecer algún tipo de carencia nutricional.

◼ INGREDIENTES (para 12 personas)

- 1 kg de almendras (tostadas y redondas)
- 1 kg de azúcar moreno
- 1 limón (la ralladura de la piel)
- ½ l de agua
- Canela en polvo

◼ INDICADO PARA

- Deficiencia de minerales
- Deficiencia de vitaminas B y E
- Dieta rica en proteínas
- Hipercolesterolemia
- Prevenir enfermedades cardiovasculares

CURIOSIDADES DE LA BOTICA

LOS FRUTOS SECOS

Si bien las dietas ligeras evitan las almendras y demás frutos secos a causa de su alto valor calórico, este tipo de alimento tiene numerosas virtudes: aporta vitamina E y calcio (estando por tanto especialmente indicado para los niños y jóvenes en fase de crecimiento) y previene las cardiopatías.

◼ PREPARACIÓN

1. Verter en el agua el azúcar y hacer el almíbar en el fuego. Añadir 1 cucharadita de canela en polvo y la ralladura del limón. Moler 1 kg de almendras (tostadas y redondas) y añadirlo al almíbar removiendo hasta conseguir el punto. Opcionalmente añadir 1 cucharadita de zumo de limón.

2. Añadir las almendras o el almíbar hasta conseguir la textura deseada. Poner en un molde y dejar reposar de 5 a 7 horas. Al sacar del molde espolvorear con un poco de canela en polvo.

IDEAS SANAS PARA COMIDAS RÁPIDAS

Los horarios, el ritmo de trabajo, el escaso tiempo libre y, en definitiva, la forma de vivir actual hacen que el tiempo que se dedica a la cocina sea cada vez más escaso. Para comer bien sin pasar demasiado tiempo entre fogones lo mejor es tener en cuenta las siguientes recomendaciones.

COMER RÁPIDO Y BIEN

- Planificar con antelación los menús de la semana procurando que sean variados y que las cenas sean mucho más simples y suaves que las comidas. En caso de comer fuera de casa, procurar que la cena aporte todas las vitaminas y nutrientes de los que probablemente carecerá la comida del restaurante.
- Los primeros platos pueden ser a base de pasta, arroz, legumbres o patatas hervidas con algún tipo de salsa. Otra idea rápida es utilizar purés de patatas precocidos, habitualmente de bastante calidad. Hay multitud de salsas y aderezos rápidos que pueden alegrar estos platos. Un simple chorrito de aceite puede complementarse con taquitos de jamón dulce, pimiento asado, queso, alcaparras, aceitunas, nueces troceadas o huevo duro.
- Los segundos platos se limitarán a las carnes o pescados en rodajas o filetes que requieran una cocción mínima. Una buena idea es utilizar roast-beef frío o escalopas de ave ya preparadas, ambas cosas no pierden apenas su valor nutritivo y pueden tomarse perfectamente el día después.
- Una buena idea para hacer platos únicos rápidos es elaborar ensaladas que también contengan pasta o arroz o legumbres y a ser posible algo de huevo, atún, pollo frío, queso fresco o fragmentos de tortilla.

- Para días en que la prisa es máxima un bocadillo puede ser de gran ayuda. En estos casos se debe procurar no sobrepasar los 100 g de pan, a ser posible integral, y rellenarlo con huevo duro, atún, jamón, queso fresco, etc. Es recomendable incluir algo de tomate o lechuga.
- La fruta fresca siempre es una opción más natural y sana que un zumo empaquetado o un postre precocinado. Para dar un toque diferente a la fruta podemos acompañarla con un poco de yogur, queso fresco, helado, mermelada batida, etc.

- Para elaborar ensaladas rápidas hay vegetales especialmente indicados: las endibias, el tomate, la lechuga tipo iceberg, la col, los berros, el pimiento, etc. Para aprovechar al máximo su valor nutritivo es mejor prepararlos con la mínima antelación posible.

EL TIEMPO PARA COMER

A pesar de las prisas no olvidemos que comer velozmente tiene sus consecuencias. Es recomendable darse un mínimo de 20 minutos por comida. Si el comer en casa significa no poder disponer de este tiempo, quizá sea mejor comer fuera o limitarse a un simple bocadillo o tentempié tomado con calma.

○ ZUMOS, INFUSIONES Y OTRAS BEBIDAS ○

Cóctel de primavera

Gracias a las propiedades de sus ingredientes, este cóctel de vitamina C está especialmente indicado en caso de sufrir debilitamiento físico o falta de energía. El contenido en vitamina C del kiwi supera al de todos los cítricos; además, contiene betacaroteno, fibra y minerales, entre ellos el potasio y el calcio. Las propiedades curativas del pomelo son muy amplias, siendo las más conocidas su efectividad para combatir el estreñimiento y su papel en las dietas contra la obesidad.

◘ INGREDIENTES (para 2 personas)

- 4 kiwis
- 1 pomelo
- 2 naranjas
- Unas hojitas de hierbabuena

◘ INDICADO PARA

- Deficiencia de vitamina C
- Falta de energía
- Hipercolesterolemia
- Reforzar las defensas

◘ PREPARACIÓN

1. Licuar las frutas.

2. Poner el zumo en la coctelera con hielo y hierbabuena. Agitar bien.

Limonada casera

Preparar una limonada es muy sencillo y tiene múltiples aplicaciones, sea cual sea la estación en la que se prepare. En invierno, cuando el organismo está más predispuesto a sufrir gripes y resfriados, el limón ayudará a la regeneración y activación del metabolismo. Así, se conseguirán amortiguar los síntomas de catarro y se protegerá al organismo de posteriores recaídas. Durante la primavera y el verano, el zumo de limón constituirá un refrescante suplemento de vitamina C, ideal para combatir el cansancio y la debilidad física y, como valor añadido, para saciar la sed.

◘ INGREDIENTES (para 4 personas)

- 4 limones
- 1 l de agua caliente
- 175 g de miel o azúcar integral de caña

◘ INDICADO PARA

- Deficiencia de vitamina C
- Favorecer la circulación
- Prevenir enfermedades cancerígenas
- Prevenir gripes y resfriados

◘ PREPARACIÓN

1. Verter el zumo de los limones en una jarra y añadir miel o azúcar y una tercera parte del agua caliente.

2. Remover hasta que la miel o el azúcar queden totalmente disueltos. Añadir el resto del agua y volver a remover. Dejar enfriar y conservar en la nevera.

Zumo de remolacha y zanahorias

Este zumo de remolacha y zanahorias es un excelente regenerador de la piel. La zanahoria es la hortaliza con mayor contenido en betacaroteno. La remolacha, por su parte, proporciona dosis importantes de ácido fólico. La combinación de estos dos elementos crea una barrera de protección contra el envejecimiento celular. Esta refrescante bebida ayuda también a mejorar el estado de los tejidos alterados por las infecciones y el trabajo (afonía, laringe).

◾ INGREDIENTES (para 1 persona)

- 1 remolacha
- 2 zanahorias
- El zumo de 2 limones
- 2 cucharaditas de levadura de cerveza en polvo

◾ INDICADO PARA

- Anemia
- Estreñimiento
- Prevenir infecciones
- Regenerar la piel
- Ronquera y problemas en las cuerdas (laringe)

CURIOSIDADES DE LA BOTICA

LA ZANAHORIA

El color naranja de las zanahorias procede de su riqueza en carotenos, un pigmento que posee numerosas propiedades terapéuticas (entre otras, tiene cualidades antioxidantes y previene infecciones). Por ello se recomienda consumir zanahorias en abundancia.

◾ PREPARACIÓN

1. Licuar la remolacha y la zanahoria.

2. Añadir el zumo de limón y la levadura.

Zumo de tomate y pepino

El tomate contiene vitaminas A, B y C y diversos minerales que lo convierten en un alimento sumamente nutritivo y natural. Además, es un gran depurativo sanguíneo que combate de manera eficaz la anemia y ciertas dolencias del aparato circulatorio y excretor. El pepino, por su parte, es depurativo, desintoxicante y diurético, destacando su alto contenido en potasio, cinc, manganeso y selenio.

INGREDIENTES (para 1 persona)

- 2 tomates
- 1 pepino
- 2 cucharadas de cebolla picada
- 1 cucharada de aceite de oliva de primera presión en frío

INDICADO PARA

- Deficiencia de minerales
- Deficiencia de vitaminas A, B y C
- Dietas ligeras
- Estreñimiento
- Falta de energía
- Resaca

PREPARACIÓN

1. Pasar por la licuadora los tomates, el pepino y la cebolla picada.

2. Añadir la cucharada de aceite.

LOS ZUMOS DE FRUTAS Y VERDURAS

Los zumos no tienen propiedades milagrosas, pero son nutritivos, vitamínicos y buenos aliados de la dieta sana, sobre todo si se hacen en casa y se trata, más que de un zumo, de un licuado. Este último también aporta, además de zumo, parte de la pulpa de las frutas con lo que la dosis de vitaminas y fibra aumenta. Para hacer un buen zumo hay que seguir las siguientes normas:

Zumo de zanahoria

- Elegir frutas o verduras de la estación que carezcan de manchas, golpes u otras alteraciones.
- Someter las frutas o verduras a un lavado intenso. En caso de no proceder de cultivo biológico, lo más práctico es eliminar la piel.
- La piel de las naranjas, melocotones y kiwis debe eliminarse siempre, pues puede resultar un tanto indigesta e incluso en algunos casos causar fenómenos alérgicos.

Zumo de tomate

- Si se opta por zumos de verduras es aconsejable que se tomen un poco diluidos con agua o con zumo de manzana o zanahoria.

- Recuerde que el zumo debe tomarse recién elaborado. Aunque lo introduzca en el refrigerador su valor nutritivo disminuirá. Si guardarlo es inevitable, procure hacerlo en un recipiente de cristal opaco y hermético. Aun así no lo guarde más de un día.

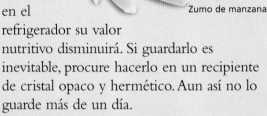
Zumo de manzana

- El aparato utilizado para elaborar el zumo, sea un exprimidor o una licuadora, debe lavarse a diario y de forma minuciosa. Si se trata de una licuadora es aconsejable que pueda desmontarse sin dificultad y lavar cada una de sus piezas.

Zumo de lechuga

- Algunos zumos de verduras o frutas pueden producir alteraciones digestivas leves como gases, meteorismo, ardor, etc. Cada persona debe experimentar qué tipo de zumo le sienta mejor.

Zumo de piña

Infusión de ajenjo

El ajenjo es una planta muy aromática, con un cierto sabor amargo, muy utilizada en medicina y también en la elaboración de bebidas espirituosas. La infusión de ajenjo resulta muy recomendable para paliar las molestias ocasionadas por los cólicos biliares, siempre que éstos sean leves. Si se quiere endulzar esta infusión, puede hacerse con un poco de miel.

◙ INGREDIENTES (para 1 persona)

- 1 cucharadita de ajenjo
- ¼ de litro de agua

◙ INDICADO PARA

- Cólicos biliares

◙ PREPARACIÓN

1. Escaldar una cucharadita colmada de ajenjo en ¼ de litro de agua hirviendo, tapando y dejando reposar durante 5 minutos.

2. Colar antes de la toma.

CONSEJOS DE LA ABUELA...

CUIDADO CON EL AJENJO

El ajenjo es una planta muy conocida por sus propiedades estomacales y aperitivas. Se usa, entre otras cosas, como base para hacer el vermut y la absenta. No obstante, aunque sus cualidades terapéuticas están demostradas, su uso en dosis grandes y prolongadas puede resultar peligroso.

Infusión de apio y brezo

Uno de los mecanismos que tiene el organismo de eliminar toxinas es mediante la orina. De este modo, se expulsa al exterior ácido úrico, cuya acumulación puede resultar especialmente nociva para los tejidos.
Una buena manera de favorecer su eliminación es tomar esta infusión de apio y brezo. El apio es beneficioso en algunas afecciones renales y tiene considerables propiedades diuréticas, favoreciendo la expulsión de agua y toxinas.

INGREDIENTES (para 1 persona)

- 50 g de semillas secas de apio
- 15 g de flores secas de brezo
- 15 g de perejil seco
- ¼ de litro de agua

INDICADO PARA

- Deficiencia de calcio, potasio y magnesio
- Eliminar el ácido úrico
- Gota

CURIOSIDADES DE LA BOTICA

EL PEREJIL

El perejil es un vegetal muy rico en vitaminas y minerales. Masticado, es una solución eficaz para eliminar el mal aliento.

PREPARACIÓN

1. Mezclar los ingredientes y guardarlos herméticamente en un frasco.

2. Poner ¼ de litro de agua a hervir y verter 2 cucharaditas de la mezcla cuando el agua esté hirviendo. Sacar y tapar. Dejar 10 minutos en infusión o escaldamiento.

3. Filtrar.

Infusión de espino, meliloto y gayuba

Las hierbas con que se elabora esta infusión (espino, meliloto y gayuba) son muy aromáticas y tienen propiedades emolientes. Esta bebida terapéutica es muy recomendable para mejorar la circulación sanguínea. Además, como se endulza con miel de romero –que tiene las propiedades de proteger el hígado y las vías respiratorias en caso de catarro– también es un tónico regenerador.

◘ INGREDIENTES (para 1 persona)

- 1 cucharadita de espino albar
- 1 cucharadita de meliloto
- 1 cucharadita de gayuba
- Miel de romero
- ¼ de litro de agua

◘ INDICADO PARA

- Afecciones de garganta
- Mejorar la circulación

◘ PREPARACIÓN

1. Mezclar el espino albar, el meliloto y la gayuba. Sacar y dejar reposar 5 minutos.

2. Añadir miel de romero al gusto.

Infusión de hierba de los cantores

Para cantar no sólo es necesario poseer una buena voz: también se debe cuidar la salud de la garganta, y la mejor manera de hacerlo es recurrir a la hierba de los cantores. Su nombre es bastante explícito a la hora de adivinar sus propiedades medicinales. Esta infusión puede ayudar a paliar la irritación de garganta y combatir la afonía. La miel de brezo, por su parte, es desinfectante, diurética y antirreumática.

◘ INGREDIENTES (para 4 personas)

- 60 g de hojas frescas de hierba de los cantores
- 150 g de miel de brezo
- 1 l de agua

◘ INDICADO PARA

- Afonía
- Irritación de garganta

◘ PREPARACIÓN

1. Poner a hervir el agua. Colocar la hierba de los cantores en una jarra. Verter el agua hirviendo en la jarra con las hierbas. Tapar y dejar reposar ½ hora.

2. Filtrar y añadir 150 g de miel de brezo.

Infusión de piel de naranja y hojas de lechuga

Esta infusión contiene minerales y es la bebida ideal para combatir el insomnio –gracias a las propiedades sedantes de la lechuga–, estimular la función intestinal y tratar de forma natural los dolores de cabeza.

INGREDIENTES (para 1 persona)

- La cáscara de ½ naranja
- 3 hojas de lechuga
- 1 vaso de agua

INDICADO PARA

- Dolor de cabeza
- Insomnio
- Favorecer la función intestinal

PREPARACIÓN

1. Poner 1 vaso de agua a hervir durante 5 minutos con 3 hojas de lechuga (la parte central de las hojas más verdes) y la cáscara de ½ naranja, todo ello previamente lavado.

2. Dejar reposar y filtrar.

Infusión de piel de mandarina

Para elaborar esta infusión, que está indicada especialmente para controlar la hipertensión, es muy importante lavar la mandarina concienzudamente, ya que si no proviene de cultivos ecológicos su piel puede acumular sustancias tóxicas.

INGREDIENTES (para 1 persona)

- La piel de 2 mandarinas
- ¼ de litro de agua

INDICADO PARA

- Presión alta

PREPARACIÓN

1. Hacer una infusión con la piel de las mandarinas, dejándola reposar durante 6-8 minutos.

2. Colar.

Infusión de perejil

Esta infusión alivia los problemas gástricos. Es importante, no obstante, controlar su consumo, ya que el perejil es muy diurético y, tomado en grandes cantidades, puede irritar las vías urinarias.

◙ INGREDIENTES (para 1 persona)

- 1 cucharadita de perejil fresco o seco
- 1 taza de agua

◙ INDICADO PARA

- Espasmos gástricos

◙ PREPARACIÓN

1. Hacer una infusión con 1 cucharadita de perejil por taza de agua, dejándola reposar durante 4-5 minutos.
2. Colar.

Infusión de flores de pino

Esta infusión está recomendada como tratamiento complementario al médico para combatir la cistitis, una inflamación de la vejiga urinaria que provoca la necesidad continua de orinar y malestar durante la micción e, incluso, presencia de sangre en la orina. Se debe tomar medio litro al día hasta que desaparezcan los síntomas.

◙ PREPARACIÓN

1. Poner a calentar 1 l de agua y retirar en cuanto rompa a hervir.
2. Verter las flores de pino. Tapar y dejar enfriar.
3. Filtrar con un filtro de paño.

◙ INGREDIENTES (para 4 personas)

- Flores del pino: 30 g si son frescas y 15 g si son secas
- 1 l de agua

◙ INDICADO PARA

- Cistitis

EL CAFÉ Y SUS SUCEDÁNEOS

El café, producto elaborado con las semillas procedentes del género botánico *Coffea*, es una de las bebidas más populares del mundo. Existen muchas variedades, pero es el tipo Arábica –procedente de Brasil y América Central– el que más se consume. Tiene un sabor aromático, es estimulante y para muchas personas el motor imprescindible de cada mañana. Además, inhibe la sensación de sueño y es el perfecto compañero para noches largas y días cansados. Por si fuera poco, el café no aporta prácticamente energía y se puede incluir en la dieta más ligera. Pero no todo son ventajas. Un exceso de café puede causar irritación gástrica, insomnio, nerviosismo e incluso en algunos casos temblores y taquicardias. Es por ello que está contraindicado en casos de personas con insomnio, hipertensión, alteraciones cardíacas o problemas digestivos. El café descafeinado puede ser una buena opción para todas ellas, pero también existen otras bastante más sanas: los sucedáneos del café.

LA ACHICORIA

La achicoria, cuyas sabrosas hojas son recomendables para cualquier ensalada, es una planta con una abundante dosis de vitaminas y minerales y un escaso contenido energético. Son las raíces de esta nutritiva planta sometidas a una serie de procesos de tostado las que se utilizan para elaborar muchos sucedáneos del café. Puede elaborarse incluso de forma casera (para ello se limpian las raíces secas de la planta, se tuestan al horno y se muelen hasta conseguir un polvo muy fino). Tiene un agradable sabor y no produce insomnio.

LA MALTA

Se denomina «malta» a un tipo de cebada germinada y tostada. Es entre otras cosas, es la principal materia prima que se utiliza en la fabricación de cervezas y algunos tipos de whisky. Está presente asimismo en numerosos sucedáneos de café, en chocolates en polvo de desayuno e incluso en preparados de comida infantil. Está compuesta básicamente de hidratos de carbono complejos y una buena dosis de minerales y vitaminas del complejo B. Aporta también una dosis notable de energía.

LA CEBADA

La cebada es un cereal con una composición nutritiva muy parecida a la del trigo. Se utiliza para obtener la malta, distintas harinas y, por supuesto, para la elaboración de sucedáneos del café. Aporta básicamente hidratos de carbono complejos, minerales y casi un 10% de proteínas. La energía será muy similar a la aportada por la malta.

Bebida casera rehidratante

El limón y la naranja son los protagonistas de esta bebida casera. Los mejores limones son aquellos que tienen la piel tersa y un tono amarillo brillante; las naranjas deben ser firmes y no presentar hendiduras ni zonas blandas. Ambos cítricos parece que contienen unas sustancias llamadas terpenos que regulan el nivel de colesterol y protegen al organismo de sufrir cardiopatías.
La vitamina C que otorgan naranjas y limones a esta bebida protege del envejecimiento celular y fortalece el sistema inmunitario.

◘ INGREDIENTES (para 4 personas)

- 2 naranjas
- 6 limones
- Azúcar
- Sal
- 1 l de agua

◘ INDICADO PARA

- Carencia de vitamina C
- Estreñimiento
- Hipercolesterolemia
- Rehidratar

◘ PREPARACIÓN

1. Hacer un zumo con las naranjas y los limones.

2. Añadir el zumo al litro de agua.

3. Endulzar con 2 cucharadas de azúcar y añadir 1 pizca de sal.

CONSEJOS DE LA ABUELA...

LIMONES Y NARANJAS

Para garantizar que el zumo de los limones y las naranjas aporta al organismo toda su riqueza en vitamina C debe consumirse inmediatamente después de haber exprimido dichas frutas.

Leche con canela

A las propiedades de la leche, que es rica en calcio y estimulante del crecimiento y del buen estado de salud de los huesos, esta receta añade la riqueza nutritiva de la canela. Así, la leche no sólo gana en sabor, resultando ligeramente endulzada, sino que también refuerza su propiedad vigorizante.

◘ INGREDIENTES (para 4 personas)

- 1 l de leche
- Unas ramas de canela
- Miel

◘ INDICADO PARA

- Deficiencia de calcio
- Falta de energía
- Problemas óseos

◘ PREPARACIÓN

1. Cocer 1 l de leche con unas ramas de canela partidas por la mitad.

2. Cuando la leche hierva retirar del fuego y colar.

3. Añadir miel al gusto.

Leche de soja

En caso de sufrir intolerancia a la leche de vaca, esta bebida a base de soja resulta el sustituto perfecto. Además, la soja carece de colesterol y es muy rica en proteínas y nutrientes esenciales para el organismo: hidratos de carbono, ácidos grasos, calcio, fósforo, hierro y magnesio.

◘ PREPARACIÓN

1. Lavar la soja y dejarla en remojo en $1/2$ l de agua durante 12 horas.

2. Escurrir y reservar el agua. Secar y triturar la soja.

3. Poner la soja triturada en el fuego, con el agua del remojo y añadir otro $1/2$ l de agua. Cocer a fuego lento durante 30 minutos, removiendo.

4. Colar y dejar enfriar.

◘ INGREDIENTES (para 4 personas)

- 100 g de soja verde
- 1 l de agua

◘ INDICADO PARA

- Deficiencia de minerales
- Dietas ricas en proteínas
- Hipercolesterolemia

Té de sauce y harpagofito

El poder de las infusiones de sauce para calmar los dolores es conocido desde antiguo. Estudios posteriores demostraron que esta cualidad se debía a uno de los componentes de su corteza, y en 1890 se logró sintetizar un derivado aún más activo, el ácido acetilsalicílico. De este modo, el té de sauce y harpagofito tiene propiedades similares al popular analgésico.

INGREDIENTES (para 4 personas)

- 1 l de agua
- 3 cucharadas de corteza de sauce
- 3 cucharadas de harpagofito

INDICADO PARA

- Artritis y dolencias reumáticas
- Inflamaciones
- Temperatura corporal alta (fiebre)

PREPARACIÓN

1. Cocer 5 minutos todos los ingredientes, tapar y dejar reposar toda la noche.

2. Colar.

CONSEJOS DE LA ABUELA...

GUARDAR EL TÉ

A la hora de guardar el té es mejor hacerlo en un lugar seco y resguardado de la luz, como puede ser una lata de cierre hermético. Para prepararlo, lo mejor es utilizar teteras de porcelana y loza, aunque las de acero inoxidable también resultan efectivas y más resistentes.

Té kombucha

El kombucha es un tipo de té que tiene numerosas propiedades: su contenido en vitamina B lo convierte en una bebida revitalizante, desintoxicante y depurativa; de acción antibiótica, es un poderoso remedio contra la amigdalitis. Asimismo, es muy digestivo y previene el estreñimiento y la gastroenteritis.

INGREDIENTES (para 12 personas)

- Hongo kombucha sano cultivado en recipiente de cristal
- ¼ de litro de té ya fermentado
- 3 l de agua
- 6 bolsitas de té negro
- 250 g de azúcar blanco

INDICADO PARA

- Amigdalitis
- Deficiencia de vitamina B
- Desintoxicar
- Dietas depurativas
- Estreñimiento
- Falta de energía
- Prevención del cáncer

PREPARACIÓN

1. Hervir 3 l de agua durante 10 minutos. Añadir los 250 g de azúcar y dejar hervir otros 2 o 3 minutos.

2. Agregar las bolsitas de té negro. Retirar del fuego y dejar reposar 20 minutos. Retirar las bolsas y dejar enfriar.

3. Introducir el hongo kombucha en el té anteriormente preparado. Guardar 8-14 días en penumbra, a 20-30 °C.

4. Filtrar y guardar tapado en botella.

EL AGUA, UN ELEMENTO ESENCIAL

El agua es imprescindible para la vida y esencial para que el organismo funcione. Baste decir que un 60 % del peso de una persona adulta es agua. Es más, sin comer una persona puede resistir más de un mes, pero sin beber sólo aguantaría 7 días escasos. En definitiva, el agua es un elemento sin el cual no es posible vivir; de ahí la importancia que tiene ingerir la cantidad necesaria. El agua que necesitamos la obtenemos del agua líquida que bebemos, pero también de los alimentos. Una alimentación con más vegetales necesita, por tanto, menos agua que una que carezca de frutas, verduras y hortalizas.

CONTENIDO EN AGUA DE ALGUNOS ALIMENTOS (GRAMOS DE AGUA POR 100 G DE ALIMENTO)	
Verdura	90
Fruta	85-90
Leche	87
Huevo	75
Patata	72
Pescado	70-80
Carne	50-70
Queso curado	55
Queso fresco	85
Miel	17
Legumbres	12
Fruto seco	5
Aceite	0

A RECORDAR

- La sed es el principal estímulo para beber. En general no es necesario beber sin sed ni forzarse a beber grandes dosis de agua. Tampoco es aconsejable beber agua constantemente.

CUALIDADES DE LAS DIFERENTES AGUAS

- **Ferruginosas:** están especialmente indicadas para los estados convalecientes, la astenia, la amenorrea y ciertos tipos de anemia.
- **Sulfurosas:** recomendadas para las enfermedades de las articulaciones, diabetes, neuralgias, ciertas anemias, dermatitis pruriginosas, inflamaciones alérgicas de la mucosa nasal, asma. Está contraindicada en casos de hipertensión y para aquellas personas que expectoran sangre en las secreciones.
- **Calcáreas carbonatadas:** óptimas para el reumatismo, gota, neurosis gastrointestinal, síndrome de colon irritable y cálculos renales.
- **Fluoradas:** están especialmente indicadas para la dentadura.

- El agua mineral no engorda, pero tampoco adelgaza ni tiene efectos milagrosos.
- Es necesario ingerir a diario de 1 a 1,5 litros de agua. La cantidad exacta dependerá de las características fisiológicas de cada persona.
- Las aguas embotelladas con gas suelen aportar una dosis grande de sal. Es importante que lo tengan en cuenta las personas que deben seguir dietas bajas en sal.

 DIETAS SANAS

La dieta de la avena

Esta dieta, basada en la avena –que está considerada tradicionalmente como un efectivo agente fortalecedor y tiene la propiedad de saciar el apetito–, debe seguirse durante cinco días. Se puede seguir la dieta siete días más, con la comida de libre elección, mientras aporte las suficientes proteínas (carnes, pescados, etc.), y manteniendo la avena en el desayuno y la cena.

● PRIMER DÍA DE LA DIETA DE LA AVENA ●

☑ DESAYUNO

Poner la noche anterior 2 cucharadas de avena laminada en un bol con 2 vasos de agua.
Por la mañana añadir 4 fresones cortados en láminas y un yogur natural. Como bebida tomar un café americano o un té.

☑ A MEDIA MAÑANA

Fresones y/o una taza de caldo vegetal.

☑ COMIDA

Hervir durante 10 minutos 2 vasos de agua con 3 cucharadas de avena laminada, un tomate pelado y 3 hojas de menta. Triturar en la batidora o pasar por el chino y servir. Tomar de postre una manzana troceada con 2 cucharadas de queso fresco.

☑ A MEDIA TARDE

Un café americano, té o infusión (de libre elección).

☑ CENA

Poner a hervir durante 10 minutos 2 vasos de agua con 3 cucharadas de avena laminada con 3 zanahorias cortadas en láminas. Triturar en la batidora o pasar por el chino y servir. Tomar de postre compota de manzana con 2 cucharadas de queso fresco.

Copos de avena

Crema de avena y zanahoria

● SEGUNDO DÍA DE LA DIETA DE LA AVENA ●

◘ DESAYUNO

Poner la noche anterior 3 cucharadas soperas de avena laminada en un bol con 2 vasos de agua. Por la mañana añadir un plátano cortado en láminas y un yogur natural. Como bebida tomar un café americano, un té o una infusión.

◘ A MEDIA MAÑANA

6 fresones y/o una taza de caldo de vegetal.

Infusión al gusto

Fresones

◘ COMIDA

Poner a hervir durante 10 minutos 2 vasos de agua con 3 cucharadas de avena laminada, 50 g de brócoli y 3 corazones de alcachofa. Añadir una pizca de sal y un chorrito de aceite de oliva. Triturar en la batidora o pasar por el chino y servir. Como postre, tomar una manzana al horno acompañada de un yogur.
El brócoli está contraindicado si se sufre de flatulencia; si es el caso sustituir por otra verdura u hortaliza.

Manzana al horno

◘ A MEDIA TARDE

Un café americano, té, caldo de verduras o infusión de libre elección.

Crema de avena con espárragos

◘ CENA

Poner a hervir durante 10 minutos 2 vasos de agua con 3 cucharadas de avena laminada y unos 50 g de espárragos troceados. Triturar en la batidora o pasar por el chino y servir. Tomar de postre una manzana troceada con queso fresco.
Los espárragos están contraindicados si se sufre inflamación de las vías urinarias o si se tiene alto el ácido úrico en la sangre.

CONSEJOS DE LA ABUELA...

CONSERVACIÓN DE LA AVENA

Es conveniente guardar la avena en un recipiente hermético y en un lugar fresco y oscuro, pues tiende a volverse amarga y rancia.

● TERCER DÍA DE LA DIETA DE LA AVENA ●

● DESAYUNO

Poner la noche anterior 3 cucharadas de avena laminada en un bol con 2 vasos de agua.
Por la mañana añadir los fresones cortados en láminas y un yogur natural sin azúcar. Como bebida tomar un café americano o un té, o una infusión.

● A MEDIA MAÑANA

6 fresones y/o un caldo vegetal.

● COMIDA

Poner a hervir durante 10 minutos 2 vasos de agua con 3 cucharadas de avena laminada, un tomate pelado y 2 espárragos troceados. Triturar en la batidora o pasar por el chino y servir. Tomar de postre una manzana rallada con piñones y queso fresco.

Caldo vegetal

Manzana rallada con nueces

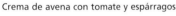
Crema de avena con tomate y espárragos

Crema de avena a la espinaca

● A MEDIA TARDE

Un café americano, té o infusión (a libre elección), 4 fresones o caldo vegetal.

● CENA

Poner a hervir durante 10 minutos 2 vasos de agua con la avena laminada y 50 g de espinacas. Triturar en la batidora o pasar por el chino y servir. Tomar de postre una manzana rallada con nueces.

● CUARTO DÍA DE LA DIETA DE LA AVENA ●

◘ DESAYUNO

Poner la noche anterior la avena laminada en un bol con 2 vasos de agua. Por la mañana añadir medio plátano y 6 fresones cortados en láminas. Como bebida tomar un café americano o un té, o una infusión.

Manzana rallada con avellanas

◘ A MEDIA MAÑANA

6 fresones y/o un caldo vegetal.

Crema de avena con corazón de cebolla y judías tiernas

◘ COMIDA

Poner a hervir durante 10 minutos 2 vasos de agua con 3 cucharadas de avena laminada, el corazón de 1 cebolla y 50 g de judías verdes. Añadir una pizca de sal y un chorrito de aceite de oliva. Triturar en la batidora o pasar por el chino y servir. Tomar de postre una manzana rallada con avellanas.

Crema de avena con guisantes y espinacas

◘ A MEDIA TARDE

Una infusión de libre elección o un caldo de verduras.

Manzana con queso

◘ CENA

Poner a hervir durante 10 minutos 2 vasos de agua con 3 cucharadas de avena laminada. Añadir 30 g de guisantes y 30 g de espinacas. Triturar en la batidora o pasar por el chino y servir. Tomar de postre una manzana cortada con queso.

● QUINTO Y ÚLTIMO DÍA DE LA DIETA DE LA AVENA ●

◻ DESAYUNO

Poner la noche anterior la avena en un bol con 2 vasos de agua. Por la mañana añadiremos una naranja troceada y 6 fresones cortados en láminas.

◻ A MEDIA MAÑANA

6 fresones y/o una taza de caldo vegetal.

◻ COMIDA

Poner a hervir durante 10 minutos 2 vasos de agua, 3 cucharadas de avena laminada, el corazón de una alcachofa y 20 g de guisantes. Añadir una pizca de sal y un chorrito de aceite de oliva. Triturar en la batidora o pasar por el chino y servir. Tomar de postre una manzana.

◻ A MEDIA TARDE

Una infusión de libre elección.

◻ CENA

Poner a hervir durante 10 minutos 2 vasos de agua con 3 cucharadas de avena laminada. Añadir 1 puerro troceado. Triturar en la batidora o pasar por el chino y servir. Tomar de postre una manzana con 3 nueces y 6 avellanas.

Crema de avena con alcachofas y guisantes

Manzana rallada con nueces y avellanas

Crema de avena con puerros

EL PESO IDEAL

El peso ideal no es, como muchas veces se cree, el que proporciona una figura de modelo o un cuerpo etéreo, sino el que indica una tasa de grasa corporal correcta, permite mantener la salud y evita un montón de problemas al organismo. Las causas de la obesidad no se conocen con certeza, pero existen factores genéticos y dietéticos que influyen poderosamente.

El peso adecuado para cada persona dependerá de su altura, sexo, edad, constitución, etc., de manera que no hay una sola cifra de peso ideal. Hay diversas tablas que indican cuál debe ser el peso según la talla y la edad, pero actualmente es el Índice de Masa Corporal o IMC la medida en que más especialistas confían para determinarlo.

CÓMO CALCULAR EL IMC

- El IMC corresponde al cociente entre el peso y el cuadrado de la altura, de manera que una persona de 1,65 m con 60 kg de peso tendría un IMC de 22.
- Un IMC de 20 a 25 corresponde a un peso normal o ideal.
- Un IMC de 25 a 30 corresponde a un sobrepeso u obesidad tipo I.
- Un IMC de 30 a 35 corresponde a una obesidad tipo II.
- Si el IMC es superior a 35 se trata de obesidad mórbida u obesidad tipo III.

NORMAS BÁSICAS PARA TENER UN PESO IDEAL

- Seguir una dieta con la energía adecuada a la edad, sexo y ejercicio físico que se realiza: para una mujer adulta oscila entre las 1.800 y 2.800 kcal; para un hombre adulto, entre las 2.000 y 3.500 kcal.
- Hacer diariamente ejercicio físico durante media hora o caminar una hora al día a un ritmo moderado.
- Evitar las grandes oscilaciones de peso durante el año. Un peso estable suele indicar un grado de salud óptimo y una dieta correcta. No seguir dietas drásticas ni ayunos sin prescripción médica. No automedicarse para perder peso ni tomar dosis abusivas de laxantes o diuréticos.
- No obsesionarse con algunos prototipos físicos y ser realistas con las posibilidades del propio cuerpo.

Dieta anticelulítica

Uno de los aspectos físicos que sin duda preocupan más a las mujeres es el de la celulitis. De hecho, este problema afecta al 90% de las mujeres y sólo al 1% de los hombres. Aquí se ofrecen varias alternativas,

todas ellas muy interesantes, para reducir la celulitis. Esta dieta –que se completa con ejercicios y masajes– debe hacerse en 4 ciclos de 4 días (16 días), con libertad para intercambiar los alimentos.

● PRIMER DÍA DE LA DIETA ANTICELULÍTICA ●

▣ DESAYUNO

Tomar en ayunas una infusión de cola de caballo. Luego, mezclar en un bol, un yogur desnatado, una cucharadita de germen de trigo, otra de levadura de cerveza, 6 almendras machacadas y 4 albaricoques troceados.
Además, tostar 2 rebanadas de pan integral, frotarlas con ajo (si se desea) y poner una rodaja de tomate en cada tostada. Aliñar con un chorrito de aceite de oliva virgen.

▣ A MEDIA MAÑANA

Queso fresco o yogur o fruta (manzana –que puede ser asada–, pera, albaricoque o ciruela).

▣ COMIDA

Una sopa de arroz muy caldosa, con un poco de pimiento, tomate, cebolla y ajo.
Una tortilla de perejil acompañada con un trozo de pan integral.
Esta tortilla de perejil está contraindicada para las embarazadas, que podrán sustituirla por una de zanahoria, por ejemplo.

▣ MERIENDA

Fruta del tiempo y una infusión de cola de caballo.

Yogur con germen de trigo, levadura de cerveza, almendras y albaricoque

Peras

Tortilla de perejil

● PRIMER DÍA DE LA DIETA ANTICELULÍTICA ●

▣ CENA

Menestra de verduras, preparándola del siguiente modo:

1. Limpiar y cocer 250 g de espárragos, 3 corazones de alcachofa, 150 g de habas verdes frescas y 150 g de guisantes frescos. Reservar el agua de la cocción.

2. Picar y sofreír ¼ de cebolla, 1 diente de ajo y 20 g de jamón. Añadir un poco de harina y ligar con el sofrito. Añadir vino y el agua de las verduras hasta que la salsa esté en su punto.

3. Añadir a la salsa las verduras cocidas y escurridas.

4. Hervir a fuego muy lento durante unos minutos agitando suavemente la cazuela de vez en cuando.

● CREMA DE TINTURA DE HIEDRA ●

Esta dieta anticelulítica puede acompañarse de masajes a base de crema de tintura de hiedra. Para ello, derretir al baño maría 180 ml de aceite de oliva virgen, 25 g de cera virgen y 25 g de manteca de cacao; retirar del fuego y añadir poco a poco y removiendo 50 g de tintura de hiedra.

Pasar a un tarro y dejar enfriar antes de tapar. Se tiene que frotar con un guante de crin la zona a tratar y aplicar la crema haciendo un masaje; dejar que la piel la absorba y volver a frotar suavemente con el guante de crin. Darse este masaje mañana y tarde un mínimo de 14 días.

● SEGUNDO DÍA DE LA DIETA ANTICELULÍTICA ●

● DESAYUNO

Tomar en ayunas una infusión de cola de caballo.
Mezclar en un bol 1 yogur desnatado,
1 cucharadita de germen de trigo, otra de levadura
de cerveza, 2 peras troceadas, 1 cucharadita de
achicoria y 6 avellanas machacadas.
Tostar 2 rebanadas de pan integral y frotarlas con
ajo (si se desea). Poner una rodaja de tomate por
tostada. Aliñar con un chorrito de aceite de oliva
virgen.

● A MEDIA MAÑANA

Queso fresco y/o fruta del tiempo (manzana, pera,
albaricoques, ciruelas).

● COMIDA

Hacer una ensalada de lechuga, tomates troceados
y ajo rallado. Añadir un chorro de aceite de oliva.
Cocer un cuarto de pollo y tomarlo sin piel.
Tomar de postre arroz con leche.

● MERIENDA

Fruta del tiempo o queso
fresco.
Infusión de cola de caballo.

● CENA

Cocer una pescadilla con zanahoria.
Tomar de postre un yogur.

Yogur con germen de trigo, levadura de cerveza, peras, achicoria y avellanas

Yogur

Ciruelas

● MASAJE ANTICELULÍTICO ●

Extender la crema de hiedra en la mano y aplicar
en masajes ascendentes desde las rodillas hasta las
caderas mediante amasamientos, primero por la
parte externa de los muslos y luego por la interna.
Repetir el masaje pero con las yemas de los
dedos. Hacerlo todos los días durante 10 minutos.

● BAÑO ANTICELULÍTICO ●

Tomar un baño de una duración de 10 a 15
minutos con agua templada y gel, añadiendo
10 g de esencia de cedro, 5 g de esencia de
limón y 1 tacita de *fucus vesiculosus*.

● TERCER DÍA DE LA DIETA ANTICELULÍTICA ●

◘ DESAYUNO

Tomar en ayunas una infusión de cola de caballo. Mezclar en un bol un yogur desnatado, una cucharadita de germen de trigo, otra de levadura de cerveza y 2 cucharadas de avena.
Tostar 2 rebanadas de pan integral, frotarlas con ajo (si se desea) y poner una rodaja de tomate por tostada. Aliñar con un chorrito de aceite de oliva virgen.

◘ A MEDIA MAÑANA

100 g de queso fresco o requesón.

◘ COMIDA

Sopa de cebolla al estilo de la Abuela, filete de ternera a la plancha y fruta.

◘ MERIENDA

100 g de queso fresco.
Infusión de cola de caballo.

◘ CENA

Tostadas de pan con tomate, queso y jamón.
Gallo con guarnición.
Flan o natilla o yogur.

Sopa de cebolla al estilo de la Abuela

SOPA DE CEBOLLA AL ESTILO DE LA ABUELA

1. Preparar 300–350 ml de caldo de carne, no grasiento, y reservarlo. Cortar ½ cebolla en aros, pochándola a fuego lento en una cazuela con el aceite de oliva.

2. Añadir ½ cucharada de harina y rehogar. Agregar el caldo de carne y cocer a fuego lento durante 30 minutos. Aparte, batir media yema de huevo y verterlo en la sopa.

3. Tostar pan en pequeños cuadraditos y distribuirlos por encima de la sopa.

● CUARTO DÍA DE LA DIETA ANTICELULÍTICA ●

◼ DESAYUNO

Tomar en ayunas una infusión de cola de caballo y, luego, un muesli casero, a base de 1 yogur desnatado, 1 cucharadita de germen de trigo, 1 cucharadita de levadura de cerveza, frutas troceadas (pera, manzana, ciruelas, albaricoque), avellanas, almendras y nueces machacadas, 50 g de requesón y 2 cucharaditas de avena.

◼ A MEDIA MAÑANA

Un yogur con una pieza de fruta troceada.

◼ COMIDA

Preparar un pisto con patatas, calabacín, pimiento, tomate y huevo. Hervir una merluza y añadir un revuelto de ajos tiernos.
Tomar de postre una pieza de fruta del tiempo.

◼ MERIENDA

Un yogur con una pieza de fruta troceada.
Una infusión de cola de caballo.

◼ CENA

Montar 2 tostadas de pan integral con una loncha de pechuga de pavo con lechuga y tomate. Añadir un chorrito de aceite de oliva virgen. Tomar de postre unas natillas. Tomar una taza de malta y añadir, si se desea, un chorrito de leche.

Ingredientes para el muesli casero

Pisto

● EJERCICIOS ANTICELULÍTICOS ●

1.º Sentados en el suelo con las piernas estiradas y la espalda recta apoyar las manos y balancearse hacia ambos lados, trabajando bien los laterales de los glúteos. Hacerlo 30 veces.
2.º Tumbados sobre un lateral, con el codo en ángulo recto apoyado en el suelo y la mano sujetando la nuca, estirar la punta del pie y levantar y bajar la pierna, inspirando al subir y espirando al bajar (30 veces).
3.º Apoyados lateralmente, llevar la pierna hacia adelante, doblando un poco la rodilla, y subir y bajar inspirando al levantar y espirando al descender (30 veces).
4.º Tumbarse boca arriba con las rodillas flexionadas. Subir y bajar la pelvis (sólo los glúteos) con la espalda bien apoyada, inspirando y apretando fuerte al subir, y espirando y relajando al descender (30 veces). Para descansar coger aire y relajarse. Apoyados sobre el otro lateral repetir los ejercicios segundo y tercero.

ALIMENTACIÓN TIPO PARA DESINTOXICAR EL ORGANISMO

Este menú de la Botica de la Abuela tiene por objetivo la desintoxicación del organismo, estando indicado también para la prevención del cáncer. Gracias a sus componentes, estos alimentos tienen la virtud de librar al organismo de los elementos tóxicos que éste genera.

ALIMENTOS CON PROPIEDADES DESINTOXICANTES

- Los ajos, cebollas y puerros, por su contenido en alisulfuros, protegen a nuestro organismo de los productos tóxicos que se producen en él.
- Las zanahorias, por su alto contenido en carotenos, tienen, como el tomate, propiedades anticancerígenas, al igual que las legumbres, por los derivados del azufre y las fibras que contienen.
- La uva y el vino tinto son desintoxicantes, por su alto contenido en taninos, aunque con la uva deben tener precaución los diabéticos; el vino debe ser tomado siempre con moderación.
- Las alcachofas, por su alto contenido en sillimarina, que es un antioxidante muy activo. Las alcachofas siempre deben ser ingeridas recién preparadas; una vez cocinadas no se deben guardar mucho tiempo porque se vuelven tóxicas.
- Los cítricos, por su contenido en vitamina C, y concretamente la mandarina, por su contenido en selenio que protege del cáncer. Es conveniente poner el jugo de una mandarina en los zumos.

EL LAPACHO

La corteza del lapacho (un árbol que crece en Perú, Argentina, Brasil y Paraguay) es un eficaz antiinflamatorio y tiene además un importante valor terapéutico para tratar problemas virales y cancerígenos, incluida la leucemia, según unos estudios médicos realizados en Brasil.

COMIDA TIPO

- Primer plato: ensalada o verduras cocidas.
- Segundo plato: tortilla de espárragos o pescado cocido.
- Postre: fruta o queso fresco.
- 1 vaso de vino tinto.
- 50 g de pan integral.
- Opcionalmente, una infusión de té.

Ensalada

Tortilla de espárragos

Mandarina

Dieta de sodio para aliviar la artritis

Esta dieta a base de productos ricos en sodio está especialmente indicada para aliviar la artritis y la artrosis. Las hojas de abedul, que intervienen en esta receta, se han utilizado en herboristería desde tiempos muy remotos,

tanto en el norte de Europa como en Asia, para aliviar problemas biliares, renales y reumáticos. Esta dieta no está recomendada para personas hipertensas o con desequilibrios en la tensión sanguínea.

INGREDIENTES

- Una rodilla de ternera para el caldo
- 1 taza y media de piel de manzana
- 2 tazas de piel de patata y ½ de perejil
- 1 rama de apio y 1 cebolla
- 2 zanahorias abiertas en cuatro
- 1 pizca de hojas de fenogreco y otra de abedul

FORMA DE TOMARLO

- Calentar la cantidad de la preparación que se vaya a tomar.
- Tomar una tacita de café antes de la comida y la cena, durante nueve días.
- Descansar otros siete y repetir la dieta nueve días más.

PREPARACIÓN

1. Hacer una mezcla con las hojas de fenogreco y de abedul y triturar hasta reducir a polvo; reservar.

2. Cocinar a fuego muy lento el resto de ingredientes durante 4 horas y media.

3. Colar y añadir la mezcla de polvo de hojas de fenogreco y abedul.

4. Colar y guardar en el frigorífico.

Dieta antiestreñimiento

Es un problema tan frecuente que se ha llegado a definir al estreñimiento como la enfermedad de la civilización. Esta molesta alteración obliga a miles de personas a consumir cotidianamente dosis elevadas de laxantes y, lo que es peor, las predispone a sufrir hemorroides, fisuras anales o el temible cáncer de colon. Generalmente, se habla de estreñimiento cuando el intervalo entre deposiciones es superior a dos días y la

consistencia de las heces excesiva. Las causas pueden ser múltiples: enfermedades intestinales, enfermedades del sistema nervioso, diabetes, fármacos astringentes, dietas desequilibradas..., siendo estas últimas las que frecuentemente ocasionan este trastorno. Una dieta pobre en fibra y rica en proteínas de origen animal, productos refinados y azúcares, es un desencadenante claro del estreñimiento.

◘ PARA EVITAR EL ESTREÑIMIENTO

- Moverse, caminar, hacer algún deporte o ejercicio físico diariamente.

Kiwis

- Beber agua en dosis suficientes.
- Tener unos horarios deposicionales regulares. Se trata de habituar al sistema digestivo a un hábito diario.
- No habituarse a la toma de laxantes sin saber primero cuál es la causa del estreñimiento.
- Tomarse el tiempo necesario para evacuar; las prisas suelen producir estreñimiento.
- Intentar controlar el estrés. Descansar las horas necesarias y no sobrecargarse de trabajo.

Naranjas

- Seguir una dieta variada y rica en fibra y vegetales.
- Procurar tener unos horarios de comida regulares.

Ciruelas

◘ LA DIETA ANTIESTREÑIMIENTO

- Tiene que aportar grasas en dosis suficientes, pero a ser posible que sean insaturadas y de origen vegetal o de pescados.
- Los farináceos y sus derivados (todos los cereales, pan, pastas, galletas, etc.) serán integrales o ricos en fibra.
- Tomar frutas en cantidades adecuadas, dos piezas mínimo. Los kiwis, las naranjas, las ciruelas y los higos están especialmente recomendados. En cambio, es conveniente no abusar de los plátanos.

Higos

- Tomar diariamente verduras y hortalizas. Las espinacas, las acelgas, los pimientos, las berenjenas y las cebollas son buenos estimulantes del intestino. Los purés de verduras son menos eficaces que las verduras enteras.
- Las legumbres hervidas son una fuente importante de fibra. Una o dos veces por semana deben estar presentes en el menú.
- Elija preferentemente los lácteos tipo bio; parece que a algunas personas les ayuda a regular el ritmo intestinal.
- No tomar dosis excesivas de carne, quesos, embutidos, etc.
- Tomar en cada comida y en los tentempiés algún alimento rico en fibra. Para picar sirven, por ejemplo, los cereales integrales, las frutas, el pan integral, las galletas integrales, las ciruelas secas, los orejones, etc.

Dieta anticolesterol

El colesterol es un lípido que forma parte de nuestro organismo, pero que puede dar problemas cuando se encuentra en una cantidad mayor a la deseable. Dicho de otro modo, todo el mundo tiene y necesita el colesterol, pero éste debe estar presente en las dosis adecuadas.

Una tasa de colesterol superior a lo normal puede favorecer la aparición de enfermedades tan graves como la arteriosclerosis, el infarto o la trombosis cerebral. Todas ellas están clasificadas como enfermedades cardiovasculares –que son una de las principales causas de muerte en nuestro país y en el mundo occidental en general–.

Al contrario de lo que muchas veces se cree, la tasa de colesterol en la sangre no depende sólo de la dieta. Hay unos procesos internos y una «fabricación» propia de colesterol que influirán de forma decisiva en la tasa de colesterol sanguíneo. De esta manera, es perfectamente posible que una persona haga una dieta correcta y, sin embargo, sus índices de colesterol sean elevados. Y al contrario, es habitual que muchas personas que comen alimentos muy ricos en colesterol tengan unos índices completamente normales de este lípido en su sangre. Sea como sea, las personas que por desgracia tienen los índices de colesterol elevados, deben seguir una dieta restringida en colesterol.

ALIMENTOS A EVITAR RICOS EN COLESTEROL

- Yema de huevo, mayonesas, salsas con huevo.
- Productos de pastelería y bollería, galletas, helados.
- Vísceras (hígado, riñón, cerebro, etc.), foiegras.
- Carnes grasas, embutidos, fiambres.
- Lácteos grasos, quesos grasos, crema de leche.
- Marisco.
- Snacks, barritas de chocolate.

CARACTERÍSTICAS DE LA DIETA

• La dieta debe ser rica en fibra y, por tanto, con una dosis abundante de verduras, hortalizas, cereales y legumbres (que deben hervirse al vapor el tiempo justo, ya que de lo contrario disminuye su contenido vitamínico). En cambio, tiene que contener una dosis muy moderada de proteínas cárnicas, pues éstas siempre suelen ir asociadas a grasas saturadas y al colesterol. Es conveniente sustituir la carne por el pescado y las legumbres, pero si se consume carne se debe quitar la grasa (si se trata de pollo se debe quitar la piel).

• Es recomendable que la dieta incluya aceite de oliva y aceite de semillas, pues ambos aceites tienen efectos beneficiosos ante este problema. Los aceites no se deben reutilizar.

• La dieta anticolesterol tiene que contener una buena dosis de pescado azul, pues se sabe que las grasas contenidas en este tipo de pescado son beneficiosas para regular los niveles de colesterol.

• Debe tener altas dosis de grasas monoinsaturadas (aceites vegetales, aguacate) y poliinsaturadas (pescado azul), pero muy bajas de grasas saturadas (carne grasa, leche, mantequilla, queso). La dieta debe contener la energía necesaria para que la persona afectada tenga un peso adecuado, teniendo en cuenta la edad, el sexo y la actividad física. Es importante que la obesidad no se añada al problema de la hipercolesterolemia, pues los kilos de más son otro factor de riesgo para padecer una enfermedad cardiovascular.

• Como bebidas, tomar café o té sin azúcar, leche descremada, zumos de frutas o verduras, y agua; evitar la leche entera y las bebidas excitantes.

Dieta cosmética

La piel es un importantísimo y extenso tejido que además de recubrir nuestro cuerpo tiene importantes funciones: la regulación térmica del cuerpo, la protección de las vísceras y la protección frente al exterior son algunas de ellas. Además, la piel tiene un papel fundamental en la relación del cuerpo con el medio externo y, por supuesto, con los demás, de ahí que desde siempre se haya intentado que su aspecto sea inmejorable.

Los cuidados cosméticos de la piel son tan antiguos como la humanidad. Hace miles de años que las civilizaciones del Lejano Oriente tenían ya muy claro que la higiene y la dieta eran determinantes para el estado y belleza de la piel. A pesar de que no existen dietas con efectos milagrosos sobre la piel, ni dietas que proporcionen una piel eternamente joven, alimentarse siguiendo unas ciertas normas puede favorecer el buen mantenimiento de esta parte tan esencial de nuestro cuerpo.

VIGILAR EL PESO Y LAS CALORÍAS INGERIDAS

Es importante no olvidar que las grandes oscilaciones de peso son un terrible castigo para la piel y pueden envejecerla al derivar en rebeldes celulitis. Lo mejor es mantener un peso estable y en caso de fuertes pérdidas de peso procurar que éstas se hagan de forma lenta y progresiva.

También debe tenerse presente que la dieta debe contener las calorías adecuadas. Nada peor para la piel que las típicas dietas hipocalóricas (que presentan un exceso de grasas de origen animal y un déficit de vitaminas) en las que la energía no llega a las 1.000 kcal diarias. En caso de seguir una dieta hipocalórica se procurará que la energía no sea nunca inferior a las 1.200 kcal.

■ NORMAS BÁSICAS DE UNA DIETA COSMÉTICA

• Tiene que aportar una cantidad de agua suficiente. Una dieta con poco líquido puede producir una cierta deshidratación de la piel, lo cual constituye el paso previo a su deterioro y envejecimiento.

• La dieta debe tener una dosis adecuada de vitamina C, pues ésta es fundamental para la síntesis de colágeno. La vitamina C se encuentra básicamente en las frutas (sobre todo en los cítricos), las verduras y las hortalizas. Recordar que con una cocción excesiva se pierde gran parte de esta vitamina.

• Las proteínas tienen que estar presentes en las cantidades necesarias y deben ser de alta calidad biológica. No olvidemos que las proteínas son un material plástico por excelencia para nuestro cuerpo. Evitar, pues, las dietas sin proteínas, las dietas estrictas vegetarianas o las que contienen sólo proteínas de baja calidad. La carne, el pescado, los huevos, los lácteos y las legumbres son buenas fuentes de proteínas.

• Es importante evitar el estreñimiento, ya que esta alteración suele producir una absorción de sustancias poco recomendables para el organismo y esto se refleja fácilmente en la piel. Para ello será necesario que la dieta contenga suficiente fibra (como la que aporta el pan elaborado con harina integral por ejemplo) y agua.

• La vitamina A es otro nutriente esencial para el buen estado de la piel. Se encuentra básicamente en las grasas animales y en los vegetales de color anaranjado-rojizo (zanahorias, remolacha…). La mantequilla, los lácteos no descremados y los huevos son alimentos muy recomendados. En caso de dietas hipocalóricas o bajas en grasas se deberán incluir periódicamente alimentos ricos en estas vitaminas.

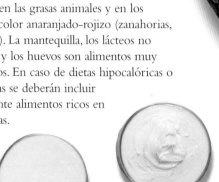

Margarina

Margarina poliinsaturada

• También es importante que el menú diario contenga una generosa cantidad de ácidos grasos esenciales; en este ámbito, los aceites de semillas (girasol, sésamo...), el germen de trigo (producto éste que, de hecho, ya es utilizado por la industria cosmética) o la lecitina de semillas pueden ser buenos aliados.

Ghee

Manteca de hojaldre

Aceite de oliva

Aceite de sésamo tostado

Aceite de nuez y de avellana

Aceite de maíz

• El alcohol y el café se tomarán con mucha moderación y se procurará que la base de la dieta sean los alimentos frescos.
Asimismo es recomendable una cocina simple, sana y que utilice la mínima cantidad de condimentos y grasas.

Cura de ayuno

Esta cura de ayuno, que está indicada en casos de obesidad, dermatitis, alergias y bronquitis, se basa en las verduras. Existen más de un centenar de variedades distintas, y pese a su alto contenido de agua, aportan una gran cantidad de vitaminas y minerales. Hay que escoger las verduras que tengan un color verde más intenso, pues poseen mayor cantidad de nutrientes. Para su conservación es preferible guardarlas envueltas o tapadas en la nevera.

◘ ATENCIÓN

- En caso de hipotensión tomar una infusión de romero, regaliz o canela.
- En caso de hipertensión suprimir la sal del caldo y utilizar ajo, cebolla o laurel.

Zumo de libre elección

◘ DESAYUNO

Zumo de fruta o verduras.

◘ COMIDA

Un caldo de verduras con los siguientes ingredientes: 3 hojas de acelga, 1 pimiento rojo, 1 pimiento verde, 1 puerro, 1 cebolla, 5 dientes de ajo y 1 hoja de laurel.
Tomar una infusión de anís y menta a lo largo del día.

◘ CENA

Infusión o caldo de verduras.

Infusión de anís y menta

1 pimiento rojo

1 hoja de laurel

1 pimiento verde

Infusión de libre elección   3 hojas de acelga   1 puerro   1 cebolla   5 dientes de ajo

Curas depurativas de 24 horas: fruta todo el día

Con esta cura de 24 horas a base de frutas (uvas maduras, piña, melón o sandía) no hay límite en cuanto a cantidades. Cada una de estas frutas tiene diversas propiedades, pero están especialmente indicadas para los problemas de circulación (las uvas), la obesidad (la piña), las irritaciones de garganta (el melón) y las cardiopatías (la sandía).

◻ CURA DE UVAS

Tomar las uvas maduras y enteras, con piel y pepitas. En la piel de la uva se encuentran unas sustancias llamadas fablonoides que activan la circulación. Las pepitas y los ollejos reducen los niveles de colesterol.

◻ CURA DE PIÑA

El corazón de la piña contiene bromelina, que sirve para activar el metabolismo. Esta fruta también está muy indicada para la afonía, que desaparecerá con esta cura en 24 horas.

◻ CURA DE MELÓN

El melón es una fruta con una considerable riqueza en carbohidratos, potasio y vitamina A. Esta cura es diurética, algo laxante y preventiva de las irritaciones de garganta.

◻ CURA DE SANDÍA

El 93% de la sandía es agua, por lo que esta fruta es un potente agente diurético, muy adecuada para enfermos del corazón y de riñón. Como el melón, es rica en vitamina A, carbohidratos y potasio.

 ÍNDICE ANALÍTICO

D

dátil 23
debilidad muscular 30, 31, 76
debilitamiento físico 100, 116, 117
decaimiento 78
defensa 27, 31, 41, 56, 91, 116
dentón 73
deposiciones 147
depurativo 40, 47, 48, 56, 59, 73, 78, 106, 119, 130, 153
dermatitis 131, 152
descongestionante 33
desgaste físico 52
desgaste psicológico 52
deshidratación 150
desinfectante 96, 123
desintoxicante 56, 64, 96, 119, 130, 145
desorientación 31
despertar el apetito 77
diabetes 10, 15, 19, 39, 44, 52, 63, 93, 96, 131, 145, 147
diarrea 30
dientes 30, 31, 63, 131
dieta
  anticelulítica 140-144
  anticolesterol 148-149
  antiestreñimiento 147
  cosmética 150-151
  de adelgazamiento 45, 51, 54, 66, 67, 88, 96, 101, 105, 116
  de control de peso 74, 84, 85
  de la avena 134-138
  de sodio para aliviar la artritis 146
  energética 139
  equilibrada 10, 12, 13, 14, 15, 16, 17, 18, 19, 21, 38, 45, 53, 55, 63, 67, 85, 93
  ligera 12, 13, 40, 48, 52, 55, 68, 73, 75, 79, 80, 82, 84, 85, 87, 99, 101, 105, 119, 126
  mediterránea 14-15
  pobre en grasas 53, 55, 67, 70, 73, 90, 99, 106, 151
  pobre en sal 60
  rica en calcio 58, 74
  rica en fécula 57
  rica en fibra 54, 58, 61, 68, 72, 76, 85, 90, 95, 98
  rica en proteínas 53, 66, 69, 70, 72, 73, 75, 76, 80, 81, 82, 84, 87, 88, 92, 112, 114, 128
  rica en vitamina A 92
  según la edad 18-19
  sin colesterol 54, 55
  sin grasas 24, 90
dietética 10
digestivo 12, 26, 33, 34, 35, 40, 47, 54, 59, 64, 70, 71, 78, 80, 82, 83, 85, 88, 89, 97, 99, 101,104, 105, 107, 108, 126, 130
diurético 32, 33, 47, 51, 59, 73, 88, 106, 119, 122, 123, 125, 139, 153
dolor de cabeza 124
dolores menstruales 110

E

eccema 49
embutido 17, 20, 25, 43, 60, 147, 148
emoliente 123
empanada 45
endibia 38, 115
energético 12, 13, 18, 33, 34, 83, 89, 93, 102, 103, 104, 107, 109, 111, 113
energía 23, 27, 30, 35, 44, 63, 75, 100, 103, 104, 106, 109, 113, 116, 119, 128, 130, 149, 150
enfermedades carenciales 95
enfermedades infecciosas 78
enfermedades neurológicas 49
ensalada 17, 46, 49, 47, 48, 56, 108, 115, 126, 142, 145
envasado de los alimentos 43
envejecimiento celular 47, 75, 91, 104, 118, 127
enzimas 27, 108
epitelios 28, 32
errores en la alimentación 20, 21
escaldado 50
escalopa 74, 115
esfuerzos físicos 65, 111
espárragos 19, 29, 88, 135, 136, 141, 145
espasmos gástricos 125
especias 83
espinacas 19, 23, 28, 29, 31, 42, 58, 84, 136, 137, 147
espino albar 123
estimular el apetito 44
estómago
  estomacal 121
  dolencias estomacales 63
  estómagos delicados 64
estragón 55
estreñimiento 15, 42, 44, 46, 47, 48, 51, 54, 55, 57, 58, 61, 68, 70, 76, 78, 88, 91, 96, 97, 98, 101, 104, 106, 109, 116, 118, 119, 127, 130, 147, 151
estres 108, 147
excitante 18, 21, 103, 149
excretor 119
expectorante 99
extracto de levadura 76
extracto de hierbas 55
extracto vegetal en polvo 76

F

fablonoides 153
farináceos 12, 16, 17, 18, 147
fátiga muscular 30, 31
fécula 12, 16, 57, 107
fenogreco 146
fermentación acética 55
fiambre 20, 60, 148
fibra 11, 12, 15, 23, 33, 34, 38, 42, 44, 46, 50, 53, 54, 58, 61, 68, 72, 76, 82, 84, 85, 90, 95, 96, 98, 106, 116, 120, 145, 145, 147, 149, 151
fiebre 40, 129
fisura anal 147
flan 51, 99, 143
flatulencia 40
flora intestinal 47, 97, 108
flores de pino 125
flúor 30, 31, 63
fluorosis 31
foiegras 148
fosfolípidos 25
fósforo 12, 13, 28, 30, 35, 39, 44, 54, 55, 63, 68, 72, 86, 97, 107, 111, 112, 128
fresas 17, 90, 101
fresones 134, 135, 136, 137, 138
frigidez 86
frigorífico 43
fritos saludables 89
frituras 49, 89
fructosa 11, 22, 65
fruta de la pasión 91
frutas 16, 17, 43, 93, 94, 101, 115, 120, 131, 145, 147, 150, 152, 153
frutas del bosque 90
frutos secos 13, 15, 16, 19, 20, 22, 28, 29, 33, 60, 76, 114, 131

G

gallo 143
galletas 11, 12, 93, 100, 113, 147, 148
gambas 68
garbanzos 27, 33
garganta 90, 123, 153
gases 120
gastritis 55
gastroenteritis 130
gayuba 123
gelatina 84, 90, 101
germen de trigo 27, 34, 140, 142, 143, 144, 151
germinados 70, 86, 108
girasol 35
glándulas tiroides 66
glóbulos blancos 29
glóbulos rojos 29, 33
glúcidos 22, 23, 104
glucógeno 22, 23, 29
glucosa 15, 23
gluten 11, 33, 65, 134
golosinas 13
gota 42, 88, 131, 122

granada 82
grasas 10, 11, 12, 13, 14, 15, 16, 17, 18, 19, 20, 24-25, 27, 29, 33, 34, 35, 49, 53, 56, 67, 70, 73, 83, 84, 89, 90, 97, 99, 102, 106, 147, 149, 151, 153
gripe 117
grosella 90
guindilla 46
guisantes 27, 57, 63, 137, 138, 141
guiso de pollo 75

H

habas 57, 141
hamburguesa 76
harina 44, 45, 65, 74, 81, 82, 83, 98, 100, 104, 109, 35, 126, 141, 143
harina de trigo integral 76, 106, 112
harina integral 58, 64, 65, 92, 94, 98, 107, 112, 151
harpagofito 129
helado 93, 103, 115, 148
hemoglobina 74
hemorroides 147
herida 49
hernia de hiato 88
hidratos de carbono 10, 11, 12, 13, 15, 21, 22-23, 27, 108, 126, 128
hierba de los cantores 123
hierbabuena 116
hierbas 55, 70, 76, 77, 80, 83
hierro 13, 30, 31, 34, 35, 39, 53, 56, 59, 63, 64, 72, 73, 81, 85, 86, 111, 114, 128
hígado
  buen funcionamiento 32, 44
  problemas hepáticos 47, 60, 86
  protección del hígado 123
hígado de ternera 78
higiene dental 93
higo 23, 65, 147
hinojo 58, 65, 77, 97
hipercolesterolemia 33, 44, 46, 50, 54, 57, 66, 74, 76, 79, 84, 86, 88, 96, 99, 103, 107, 114, 116, 127, 128, 149
hipertensión 18, 19, 20, 60, 124, 126, 131, 146, 152
hipertiroidismo 134
hipotensión 152
hojas de mostaza 52
hormonas 25, 27, 31
hortalizas 12, 15, 16, 17, 23, 29, 31, 52, 71, 87, 102, 131, 135, 147, 149, 150
huesos 28, 30, 31, 41, 56, 63, 69, 81, 86, 128
  formación masa ósea 41
  osteoporosis 30, 81, 86, 94, 112